Vieweg Programmbibliothek
Mikrocomputer 29

**BASIC-Programme
zur Regelungstechnik**

Vieweg Programmbibliothek
Mikrocomputer Band 29

Harald Schumny (Hrsg.)

BASIC-Programme zur Regelungstechnik

Stabilitätsuntersuchung von Regelkreisen
und Fahrkurvensimulation
mit dem Sirius

Zwei Programmpakete von
Peter F. Orlowski und Rudolf Diehl

Friedr. Vieweg & Sohn   Braunschweig / Wiesbaden

CIP-Kurztitelaufnahme der Deutschen Bibliothek

BASIC-Programme zur Regelungstechnik: Stabilitäts-
unters. von Regelkreisen u. Fahrkurvensimulation
mit d. Sirius; 2 Programmpakete / von Peter F.
Orlowski u. Rudolf Diehl. — Braunschweig;
Wiesbaden: Vieweg, 1985.
    (Vieweg-Programmbibliothek Mikrocomputer; Bd. 29)
    ISBN 978-3-528-04398-8   ISBN 978-3-322-91753-9 (eBook)
    DOI 10.1007/978-3-322-91753-9
NE: Orlowski, Peter F. [Mitverf.]; Diehl, Rudolf
[Mitverf.]; GT

Die Autoren des Bandes:

Prof. Dipl.-Ing. *Peter F. Orlowski*
und
Dipl.-Ing. *Rudolf Diehl*
Fachhochschule Gießen-Friedberg
Fachbereich Maschinenbau und Feinwerktechnik
Wiesenstraße 14
6300 Gießen

Umschlaggestaltung: Peter Lenz, Wiesbaden

ISBN 978-3-528-04398-8

Inhaltsverzeichnis

Rechnergestützte Stabilitätsuntersuchung linearer, einschleifiger Regelkreise nach Nyquist

von Peter F. Orlowski und Rudolf Diehl

1 Einleitung

Im schulischen Bereich und in der Projektierung von Industrie-
anlagen werden in zunehmendem Maße Personal-Computer (PCs) zur
Lösung von Aufgaben der Regeltechnik eingesetzt.

In diesem Beitrag werden zwei BASIC-Programme (MS-BASIC) vorge-
stellt, die sich besonders zur Optimierung linearer, einschleifiger Regelkreise eignen, bei denen die Parameter der Regelstrecke bekannt sind.

Die Programme sind für den Sirius-Rechner geschrieben, da er
mit 400 x 800 Bildpunkten eine sehr gute Auflösung bietet. De-
finiert man die zu Anfang der Programme aufgeführten Graphik-
Befehle auf einen anderen Rechner bezogen, so sind sie dort
auch lauffähig. Vergleichbare Veröffentlichungen sind von /1/,
/2/ und /3/ erschienen.

Vorteil des PC-Einsatzes ist die anschauliche Darstellung von
Parameter-Einflüssen auf die Regelung mit Hilfe der Bildschirm-
Graphik. So wird eine optimale Einstellung des Reglers auf die
Regelstrecke möglich.

Die hier zugrunde liegende Stabilitätsbetrachtung geht von dem
vereinfachten Stabilitäts-Kriterium nach Nyquist /4/ aus. Es
kann vom Anwender als Nyquist- oder Bode-Diagramm in hochauf-
lösender Graphik ausgewertet werden.

Die Anwendung der Programme als komplette Diskette /5/ erfordert
keine besonderen Programmier-Kenntnisse, da der Systemstart und
das Laden aller Routinen (GRAFIX; MS-BASIC ...) automatisch erfolgt.

Alle Ergebnisse lassen sich auf den üblichen Speichermedien ab-
legen bzw. plotten oder ausdrucken.

2 Stabilität nach Nyquist

Ein einschleifiger Regelkreis stellt eine Wirkungskette von
Regler und Regelstrecke mit Rückkopplung dar. Er ist folglich
auf Stabilität zu untersuchen.

Das allgemein bekannte vereinfachte Stabilitäts-Kriterium nach
Nyquist liefert für die meisten technisch realisierbaren linea-
ren Regelungen eine hinreichende Stabilitäts-Bedingung.
Mit $\underline{F}_R$, dem Frequenzgang des Reglers, und $\underline{F}_S$, dem Frequenzgang
der Regelstrecke, ist

$$\underline{F}_0 = F_{0(j\omega)} = -\underline{F}_R \cdot \underline{F}_S \tag{1}$$

der Frequenzgang des offenen Regelkreises und es gilt:

> Der geschlossene Regelkreis ist genau dann stabil,
> wenn die Ortskurve des offenen Regelkreises $\underline{F}_{0(j\omega)}$,
> im Sinne zunehmender Frequenz ω , links vom kritischen
> Punkt $P_K = [1;j0]$ verläuft und die Phasenreserve
> $\alpha_R > 0$ ist.

Der Realteil von $\underline{F}_0$ muß also kleiner als eins sein, wenn die
Regelung stabil sein soll (B i l d   1). Wird der Einheitskreis
von der Ortskurve geschnitten, ist die Durchtrittsfrequenz ω_D
erreicht. Sie ist ein Maß für die Reaktionsfähigkeit der Regelung auf Führungs- und Störgrößenänderungen. Mit ihr läßt sich
die Phasenreserve (Phasenrand) α_R bestimmen.

Eine weitere wichtige Größe für die Regelkreis-Optimierung ist
die Amplitudenreserve (Amplitudenrand) A_R. Sie gibt die noch
zur Verfügung stehende Verstärkungsreserve der Regelung bis zum
Erreichen der Stabilitätsgrenze an.

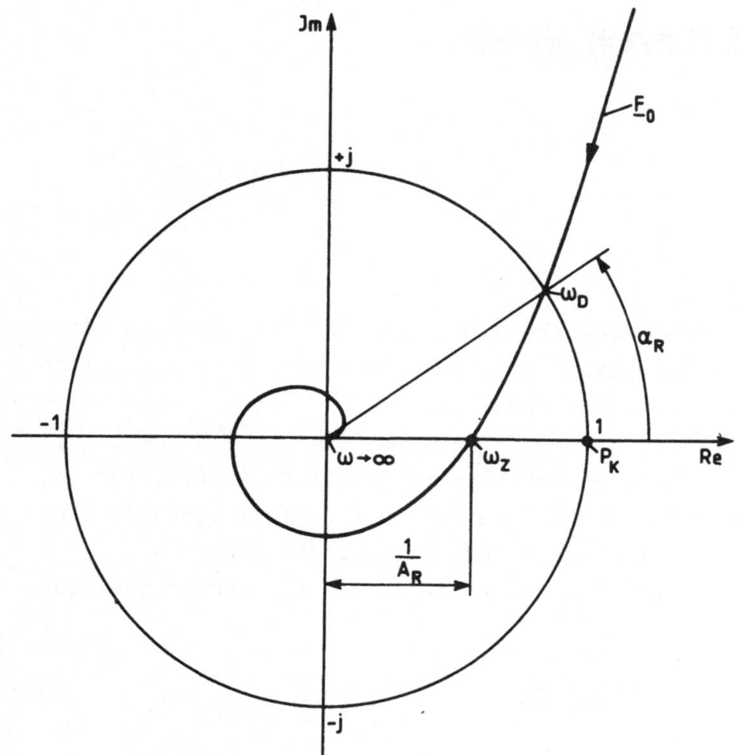

Bild 1 Definition des vereinfachten Nyquist-Kriteriums in
Ortskurven-Darstellung

Die Berechnung der Stabilitäts-Aussage wird aus einem Satz von
Gleichungen gewonnen, der sich aus dem Nyquist-Kriterium ablei-
ten läßt.

$$\mathrm{Im}(\underline{F}_0) \overset{!}{=} 0 \qquad\qquad \rightarrow \quad \omega_Z \qquad\qquad (2)$$

$$\mathrm{Re}\left[\underline{F}_{0(\omega_Z)}\right] \overset{!}{<} 1 \qquad \rightarrow \quad \text{Regelung stabil für } \alpha_R > 0 \qquad (3)$$

$$\mathrm{Re}\left[\underline{F}_{0(\omega_Z)}\right] \begin{cases} = 1/A_R & \rightarrow \quad \text{Amplitudenreserve } A_R \qquad\qquad (4) \\[2em] = 1 & \rightarrow \quad \text{Stabilitätsgrenze und} \qquad\qquad (5) \\ & \qquad\quad \text{kritische Verstärkung } V_{0k} \end{cases}$$

$$|\underline{F}_0| = |\underline{F}_R| \cdot |\underline{F}_S| \overset{!}{=} 1 \quad \longrightarrow \quad \text{Durchtrittsfrequenz } \omega_D \qquad (6)$$

$$\alpha_R = \arctan \frac{\mathrm{Im}\left[\underline{F}_0(\omega_D)\right]}{\mathrm{Re}\left[\underline{F}_0(\omega_D)\right]} \quad \longrightarrow \quad \text{Phasenreserve } \alpha_R \qquad (7)$$

A_R und α_R einer stabilen Regelung sollten praxisnah
folgende Werte annehmen:

$$\left.\begin{array}{l} A_R = \quad 4\ldots10 \\[2mm] \alpha_R = 40^\circ\ldots60^\circ \end{array}\right\} \qquad \text{bei Führungsverhalten}$$

$$\left.\begin{array}{l} A_R = 1{,}5\ldots3 \\[2mm] \alpha_R = 20^\circ\ldots50^\circ \end{array}\right\} \qquad \text{bei Störverhalten}$$

Besonders transparent kann das Nyquist-Kriterium im Bode-Diagramm dargestellt werden (B i l d 2). Die entsprechende Stabi-
litätsbedingung ist in den Gleichungen (6) und (7) enthalten
und läßt sich wie folgt ausdrücken:

> Ein geschlossener Regelkreis ist genau dann stabil, wenn
> der Frequenzgangbetrag $|\underline{F}_0|$ des aufgeschnittenen Regel-
> kreises bei der Durchtrittsfrequenz ω_D einen Phasen-
> winkel $\varphi_0(\omega_D) > -180^\circ$ aufweist, d.h. $\alpha_R > 0$ ist.

Beim Bode-Diagramm wird daher folgender Gleichungssatz zur
Bestimmung der Stabilitätsaussage benutzt.

$$|\underline{F}_0| = |\underline{F}_R| \cdot |\underline{F}_S| \overset{!}{=} 1 \quad \longrightarrow \quad \omega_D$$

$$\alpha_R = 180^\circ + \varphi_0(\omega_D) \quad \longrightarrow \quad \text{Phasenreserve } \alpha_R \qquad (8)$$

$$180^\circ + \varphi_0 \overset{!}{=} 0 \quad \longrightarrow \quad \omega_Z \qquad (9)$$

$$A_R = 10^{-\frac{|\underline{F}_0|(\omega_Z)\,/\mathrm{dB}}{20}} \quad \longrightarrow \quad \text{Amplitudenreserve } A_R \qquad (10)$$

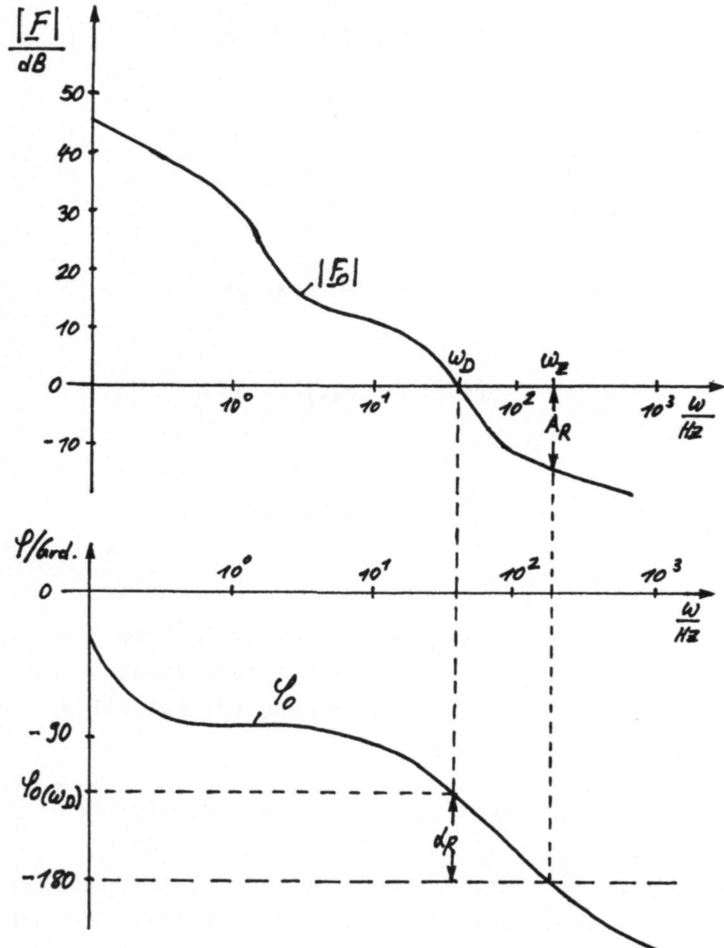

__Bild 2__   Definition des vereinfachten Nyquist-Kriteriums im
Bode-Diagramm

Der Schnittpunkt der -180°-Linie mit dem Phasenwinkel φ_0 ergibt die Frequenz ω_Z, aus der sich die Amplitudenreserve errechnet. Die Phasenreserve wird aus dem Abstand zwischen der
-180°-Linie und $\varphi_{0(\omega_D)}$ bestimmt.

3 BASIC-Programm zur Regelkreis-Optimierung mit Ortskurven

Das Programm (T a b e l l e 1) läuft in Form eines Rechner-
Dialogs ab und führt auf die Darstellung der Ortskurve eines
vorher ausgewählten Regelkreises als Bildschirmgraphik.

Die Optimierung wird durch Einblenden der eingegebenen Parame-
ter, der Gleichung $\underline{F}_0(j\omega)$ und der Stabilitätsaussage (ω_Z, A_R,
ω_D, α_R) unterstützt. Zusätzlich wird mit $Re(\underline{F}_0)$ und $Im(\underline{F}_0)$ an-
gezeigt, aus welchem Quadranten die Ortskurve für $\omega = 0$ kommt.
So erhält man eine Vorstellung vom Gesamtverlauf, auch wenn im
ersten Rechnerlauf die Ortskurve nicht vollständig dargestellt
sein sollte.

Es können gleichzeitig bis zu drei Ortskurven miteinander ver-
glichen werden, um verschiedene Parameter-Einflüsse auf die
Regelung zu verdeutlichen /6/, /7/. Außerdem kann sich der Be-
nutzer die Wertepaare von $Re(\underline{F}_0)$ und $Im(\underline{F}_0)$ für verschiedene
Frequenzen ω ausdrucken lassen.

Wegen der hohen Auflösung der Graphik (bei Sirius-Rechner
400 x 800 Bildpunkte) sowie der Überwachung der Kurvensteigung,
insbesondere bei Regelkreisen mit Totzeit, sind die Kurvenver-
läufe der Gleichung $\underline{F}_0$ exakt nachgebildet. Somit ist auch die
visuelle Beurteilung der Stabilität (besonders um den kriti-
schen Punkt P_K) gegeben.

Tabelle 1 Anweisungsliste für das "Nyquist"-Programm

```
20 '* * * * * * * * * * * * * * * * * * * * * * * * * * * * *
30 '* *             NYQUISTDIAGRAMM                     * *
40 '* *             VERSION NYQUIST4                    * *
50 '* *    RUDOLF DIEHL; NORBERT MOOS; PETER F. ORLOWSKI * *
60 '* *                 30.01.1985                      * *
70 '* * * * * * * * * * * * * * * * * * * * * * * * * * * * *
80 E$=CHR$(27):G$=E$+"5":REM CHR$(27)=ESC-Taste
90 SCHR$=G$+"i"
100 CUON$=G$+"q" :CUPON$=E$+"y5"
110 CUOFF$=G$+"r":CUPOFF$=E$+"x5"
120 POSR$=G$+"R"
130 POSA$=G$+"Q"
140 LINEW$=G$+"Y"
150 LINET$=G$+"Z"
160 CHRX2$=G$+"G"
170 CHRX2R$=G$+"H"
180 REVON$=G$+"v"    :REVPON$=E$+"p"
190 REVOFF$=G$+"w"   :REVPOFF$=E$+"q"
200 DRAWAB$=G$+"U"
210 DRAWRE$=G$+"f"
220 HIRE$=G$+"p"
230 CLR$=G$+"2"    :CLRPP$=E$+"E"
240 LICOPY$=G$+"?"
250 LOCATE$=E$+"Y"
260 '----------------
270 ' Initialisierung
280 '----------------
290 WIDTH 255
300 PRINT RES$:DU=1: PRINT CLR$;CLRPP$
310 DIM PARRS$(21),PAR$(21),PAR(21,3),PARRS(21),RST$(20),PA$(15,3)
320 DIM AA$(8),UN$(8),PL$(8),X(8),X$(4),FLAGWZ(3),FLAGWD(3),WI(3),A$(3),FLAGWMIN(3)
330 FOR I=1 TO 6:READ AA$(I):NEXT:FOR I=1 TO 6:READ RST$(I):NEXT
340 FOR I=1 TO 21 :READ PARRS$(I):NEXT:FOR I=1 TO 6:READ PL$(I):NEXT
350 DIM RE(1000,3),IM(1000,3),W(1000,3),TR$(3),TI$(3)
360 PRINT E$;"m2#8"
370 '-----------------------------------
380 'Baud-Rate von Port A auf 4800
390 '-----------------------------------
400 DEF SEG=&HE002 : POKE 3,54
410 POKE 0,16
420 POKE 0,0
430 GOTO 870
440 '----------------
450 ' Start des Plot's
460 '----------------
470 GOSUB 2930:GOSUB 2960:START=1
480 DEV=1  :        ' 1 - Biildschirm / 2 - Plotter
490 CALL LPT
500 PRINT CUPOFF$
510 Y=0:X=50-4*LEN(DATE$)
520 ANSZ=0:ANSV=0
530 PRINT CUON$:PRINT CLR$
540 GOSUB 3580:PRINT SCHR$;"MED":PRINT HIRE$;DATUM$
550 A$=T$:GOSUB 2430
560 PRINT SCHR$;"NORMAL
570 X=400-5*LEN(UT$):Y=16:GOSUB 3580
```

```
580 PRINT HIRE$;UT$
590 PRINT REVOFF$:PRINT E$;"m278"
600 GOSUB 4210:IF KCOPY$="ja" THEN RETURN
610 IF PFLAG=1 THEN PFLAG=0:PRINT LICOPY$:GOTO 820
620 A$="Möchtest Du die Darstellung vergrößern oder verkleinern ?":GOSUB 810
630 GOSUB 5290:IF ANS=1 THEN ANSZ=1 ELSE 650
640 INPUT "Maßstabsfaktor ? (Darstellung vergr. : Zahl > 1)   ";ZOOM:IF ZOOM < .01 OR
 ZOOM > 100 THEN 640 ELSE FLAGZ=1
650 A$="Möchtest du den Mittelpunkt des Koordinatensystems verschieben ?":GOSUB 810
660 GOSUB 5290:IF ANS=1 THEN ANSV=1:GOSUB 5080
670 IF ANSZ= 1 THEN K3=0:PRINT E$;"m2 8";CLRPP$:GOTO 5540
680 IF ANSV= 1 THEN 450
690 A$="Möchtest du Daten ändern ? ":GOSUB 810: GOSUB 5290:IF ANS=1 THEN ZOOM=1:GOTO
 3000
700 PRINT CLRPP$:A$="Möchtest du die Bildschirmdarstellung auf den Drucker übertrage
n ?"
710 GOSUB 810:GOSUB 5290:IF ANS=1 THEN PRINT CLRPP$:GOSUB 830:PRINT LICOPY$:KCOPY$="
"
720 A$="Soll ein Plott der Nyquistkurve erstellt werden ?":GOSUB 810:GOSUB 5290
730 IF ANS=1 THEN DEV=2:GOSUB 7680:GOSUB 4220
740 A$="Möchtest du Wertepaare ausdrucken lassen ?":GOSUB 810:GOSUB 5290
750 IF ANS=1 THEN GOSUB 7170
760 A$="Möchtest du die Grafik abspeichern ?":GOSUB 810:GOSUB 5290
770 IF ANS=1 THEN GOSUB 1740
780 FLAGWD(1)=0:FLAGWD(2)=0:FLAGWD(3)=0
790 PRINT E$;"m2 8":GOTO 870
800 '--------------------
810 ROW=55:COL=32:PRINT LOCATE$;CHR$(ROW);CHR$(COL);A$:RETURN
820 '--------------------
830 ' Korektur für Epson
840 '--------------------
850 KCOPY$="ja":GOTO 500
860 '-----------------------
870 ' P R O G R A M M W A H L
880 '-----------------------
890 PRINT CLRPP$,CUPOFF$
900 A$=" * NYQUIST - DIAGRAMM * ":GOSUB 2310
910 C=6:ROW=37:COL=42:FOR I=1 TO C:UN$(I)=AA$(I):NEXT I
920 A$="A U S W A H L":FLAGR=0
930 GOSUB 2090
940 ON ASC(B$)-48 GOTO 960,1070,1280,1130,1040,7450
950 '-----------------------------
960 ' REGLER - STRECKEN DEFINITON
970 '-----------------------------
980 C=6:ROW=37:COL=55:PRINT CLRPP$:FOR I=1 TO C:UN$(I)=RST$(I):NEXT I
990 A$="REGLER + STRECKEN - DEFINITION"
1000 GOSUB 2090
1010 RST=X:SL$=RST$(X)
1020 GOTO 5370
1030 '------------------------------
1040 'Bildschirm Copy auf den Drucker
1050 '------------------------------
1060 PFLAG=1
1070 IF START=1 THEN 450
1080 PRINT LOCATE$;CHR$(53);CHR$(47)
1090 PRINT"Kein Plot gespeichert !":FOR I=2 TO 2000:NEXT:GOTO 870
1100 PRINT "kein File vorhanden !":FOR I =1 TO 2000:NEXT I
1110 GOTO 910
```

```
1120 '------------------
1130 ' Datenfile löschen
1140 '------------------
1150 PRINT CLRPP$
1160 ON ERROR GOTO 1100
1170 INPUT "Von welchem Laufwerk ? (nur Buchstabe eingeben !) ";LW$
1180 WIDTH 80:FILE$=LW$+":*.PLT"
1190 PRINT "Folgende Files sind bereist vorhanden: ":FILES FILE$:WIDTH 255
1200 INPUT "Name des zu löschenden Files (Zusatz .PLT nicht mit angeben !) ";N$
1210 IF N$="" THEN PRINT CLRPP$:GOTO 910
1220 FILE$=LW$+":"+N$+".PLT":PRINT:PRINT"Möchtest Du ";FILE$;" wirklich löschen? ";:
GOSUB 5310: IF ANS=0 THEN 910
1230 ON ERROR GOTO 5270
1240 KILL FILE$
1250 PRINT:PRINT FILE$;" GELöSCHT ! !": FOR I= 1 TO 500:NEXT
1260 GOTO 870
1270 '-----------------------------
1280 ' Daten von einem File lesen
1290 '-----------------------------
1300 PRINT CLRPP$:PRINT CUPOFF$:PRINT:GOTO 1330
1310 PRINT:INPUT "Noch ein anderes Laufwerk ? ";JN$
1320 IF JN$="j" OR JN$="J" THEN 1330 ELSE 870
1330 INPUT "Von welchem Laufwerk ? (nur Buchstabe angeben ! ";LW$
1340 FILE$=LW$+":*.PLT"
1350 WIDTH 80
1360 ON ERROR GOTO 5260
1370 PRINT:FILES FILE$:PRINT
1380 WIDTH 255
1390 PRINT
1400 INPUT "Welcher Plott? - Name eingeben!";F$
1410 IF F$="" THEN 870
1420 IF LEN(F$)>8 THEN PRINT "Falsche Eingabe !":GOTO 1400
1430 FILE$=LW$+":"+F$+".PLT"
1440 ON ERROR GOTO 5260
1450 OPEN "I",1,FILE$
1460 PRINT"Daten werden eingelesen !!"
1470 INPUT #1,DATUM$:INPUT #1,DU:INPUT #1,AZ:INPUT #1,FLAGZ:INPUT #1,ZOOM
1480 INPUT #1,XLI:INPUT #1,YLI:INPUT #1,UT$
1490 INPUT #1,X$(1):INPUT #1,X$(2)
1500 FOR I= 1 TO AZ+7
1510   INPUT #1,PAR$(I)
1520 NEXT I
1530 FOR I= 1 TO DU
1540   INPUT #1,WI(I):INPUT #1,FLAGWZ(I):INPUT #1,FLAGWD(I):INPUT #1,FLAGWMIN(I)
1550   FOR J= 1 TO AZ+6
1560     INPUT #1,PAR(J,I)
1570   NEXT J
1580   FOR L= AZ+5 TO AZ+7
1590     INPUT #1,PA$(L,I)
1600   NEXT L
1610   FOR K= 1 TO WI(I)
1620     INPUT #1,IM(K,I)
1630     INPUT #1,RE(K,I)
1640   NEXT K
1650 NEXT I
1660 CLOSE 1
1670 FOR I=1 TO DU
1680   IF PA$(AZ+5,I)="instabil" THEN PA$(AZ+5,I)=" instabil" ELSE PA$(AZ+5,I)="   st
abil"
```

10

```
1690   IF PA$(AZ+7,I)="unendl." THEN PA$(AZ+7,I)="  unendl." ELSE PA$(AZ+7,I)="      0
   "
1700 NEXT I
1710 PRINT: PRINT "Daten eingelesen !!"
1720 GOTO 450
1730 '-----------------------------
1740 ' Daten auf Diskette speichern
1750 '-----------------------------
1760 IF START=0 THEN 1080
1770 PRINT E$;"m2 8":PRINT CLRPP$:PRINT CUPOFF$:PRINT:PRINT "Regler-Strecke: ";SL$
1780 INPUT "Auf welches Laufwerk soll gespeichert werden ? (nur Buchstabe angeben)";
LW$
1790 PRINT "Die bereits vorhanden Files lauten:"
1800 FILE$=LW$+":*.plt"
1810 ON ERROR GOTO 5270
1820 FILES FILE$
1830 INPUT "Der gewünschte Filename lautet ? (max. 8 Zeichen - .PLT nicht angeben)";
F$
1840 IF LEN(F$)>8 THEN PRINT"Falsche Eingabe !":GOTO 1830
1850 FILE$=LW$+":"+F$+".PLT"
1860 OPEN "O",1,FILE$
1870 PRINT: PRINT"Daten werden abgespeichert !!"
1880 PRINT #1,DATUM$:PRINT #1,DU:PRINT #1,AZ
1890 PRINT #1,FLAGZ:PRINT #1,ZOOM:PRINT #1,XLI:PRINT #1,YLI:PRINT #1,UT$
1900 PRINT #1,X$(1):PRINT #1,X$(2)
1910 FOR I= 1 TO AZ+7
1920   PRINT #1,PAR$(I)
1930 NEXT I
1940 FOR I= 1 TO DU
1950   PRINT #1,WI(I):PRINT #1,FLAGWZ(I):PRINT #1,FLAGWD(I):PRINT #1,FLAGWMIN(I)
1960   FOR J= 1 TO AZ+6
1970    PRINT #1,PAR(J,I)
1980   NEXT J
1990   FOR L= AZ+5 TO AZ+7
2000    PRINT #1,PA$(L,I)
2010   NEXT L
2020   FOR K= 1 TO WI(I)
2030    PRINT #1,IM(K,I):PRINT #1,RE(K,I)
2040   NEXT K
2050 NEXT I
2060 CLOSE 1
2070 PRINT: PRINT "Daten abgespeichert !!"
2080 RETURN
2090 '---------------
2100 ' Menü - Routine
2110 '---------------
2120 PRINT CUOFF$ :PRINT CUPON$
2130 PRINT LOCATE$;CHR$(ROW);CHR$(69-INT(LEN(A$)/2));A$
2140 RO=2:IF C>6 THEN RO=1
2150 ROW=ROW+3
2160 FOR I=1 TO C
2170 PRINT LOCATE$;CHR$(ROW);CHR$(COL);
2180 ROW=ROW+RO
2190 PRINT I;".   ";UN$(I)
2200 NEXT I
2210 PRINT LOCATE$;CHR$(ROW);CHR$(COL);
2220 PRINT "TREFFE DEINE WAHL ( 1 -";C;") ? ";
2230 B$ = INKEY$ : IF LEN(B$) = 0 THEN 2230
```

```
2240 PRINT B$:NN=RND(0)
2250 X = ASC(B$) - 48
2260 IF X<1 OR X>C THEN PRINT CHR$(7):GOTO 2210
2270 ROWW=ROW:ROW=ROWW-(C-X+1)*R0
2280 PRINT LOCATE$;CHR$(ROW);CHR$(COL);
2290 PRINT X;".   ";UN$(X);
2300 RETURN
2310 '------------
2320 ' GROßSCHRIFT
2330 '------------
2340 L=10*LEN(A$)
2350 X=350-L:Y=0:GOSUB 3580:PRINT CHRX2$:PRINT REVON$:PRINT SCHR$;"OCR"
2360 PRINT HIRE$;A$:PRINT CHRX2R$:PRINT REVOFF$:PRINT CUOFF$:PRINT SCHR$;"NORMAL"
2370 PRINT E$;"m2 B
2380 A$="(C) P.F. Orlowski":ROW=32:COL=95:GOSUB 2420
2390 A$=" FH-Gießen; 1985": ROW=33:COL=95:GOSUB 2420
2400 PRINT E$"m2#8
2410 RETURN
2420 PRINT LOCATE$;CHR$(ROW);CHR$(COL);A$:RETURN
2430 '-------------
2440 'Normalschrift
2450 '-------------
2460 L=5*LEN(A$)
2470 X=400-L:Y=0:GOSUB 3580:PRINT REVON$:PRINT SCHR$;"NORMAL"
2480 PRINT HIRE$;A$:PRINT REVOFF$:PRINT CUOFF$
2490 RETURN
2500 '--------------------
2510 ' Daten und Parameter
2520 '--------------------
2530 DATA ERSTELLEN EINES NYQUIST-DIAGRAMMS
2540 DATA BILDSCHRIMGRAPHIK WIEDERHOLEN
2550 DATA VORHANDENE PLOT'S LADEN
2560 DATA VORHANDENE PLOT'S LöSCHEN
2570 DATA DRUCKEN DER BILDSCHIRMGRAPHIK
2580 DATA INFORMATIONEN
2590 REM RTS$
2600 DATA PD - PTt-I
2610 DATA P - PT1-Tt
2620 DATA PD - PT1-I
2630 DATA PI - PT2
2640 DATA PD - PT2
2650 DATA PID - PT1-PT1-Tt
2660 DATA Reglerverstärkung    Vr  =
2670 DATA Streckenverst.       Vs  =
2680 DATA Streckenverst.       Vst1=
2690 DATA Streckenverst.       Vst2=
2700 DATA Streckenverst.       Vst3=
2710 DATA Streckenverst.       Vstt=
2720 DATA Verzögerungszeit     T1/s=
2730 DATA Verzögerungszeit     T2/s=
2740 DATA Verzögerungszeit     T3/s=
2750 DATA Integrationszeit     Ti/s=
2760 DATA Vorhaltezeit         Tv/s=
2770 DATA Nachstellzeit        Tn/s=
2780 DATA Dämpfung             d   =
2790 DATA Totzeit              Tt/s=
2800 DATA w fuer Im(F0)=0   wz/Hz =
2810 DATA Amplitudenreserve    Ar  =
```

```
2820 DATA Durchtrittsfr.     wd/Hz =
2830 DATA Phasenres. /Grad          =
2840 DATA Regelung                  =
2850 DATA Re FO(w=0)                 =
2860 DATA Im FO(w=0)                 =
2870 DATA 0102101114
2880 DATA 01020714
2890 DATA 0102071011
2900 DATA 0102081213
2910 DATA 0102081113
2920 DATA 01020708111214
2930 ' * Titel *
2940 T$= "NYQUIST - DIAGRAMM"
2950 RETURN
2960 '* Untertitel *
2970 IF DU>1 THEN 2990
2980 UT$= "Regler + Strecke: "+SL$
2990 RETURN
3000 '-------------------------
3010 ' Ändern der Parameter
3020 '-------------------------
3030 PRINT CLR$
3040 D=DU:DU=DU+1
3050 FOR I= 1 TO AZ
3060 PAR(I,DU)=PAR(I,DU-1)
3070 NEXT I
3080 PRINT E$;"m2#8":PRINT CLRPP$:ROW=37:COL=47:C=AZ
3090 GOSUB 3170:GOSUB 2100:INPUT PAR(X,DU):X(X)=X
3100 PRINT LOCATE$;CHR$(ROWW);CHR$(COL)
3110 D=DU
3120 A$="wünschst du weitere Änderungen ?"
3130 PRINT LOCATE$;CHR$(ROWW+2);CHR$(69-INT(LEN(A$)/2));A$:GOSUB 5290
3140 IF ANS=1 THEN 3080
3150 PRINT CLRPP$:GOTO 5540
3160 '--------------------
3170 ' Parameterauflistung
3180 '--------------------
3190 A$="Die zuletzt eingegebenen Parameter waren"
3200 FOR I = 1 TO AZ
3210 UN$(I)=PAR$(I) +" "+STR$(PAR(I,D))
3220 NEXT I
3230 PRINT
3240 RETURN
3250 '--------------
3260 ' Formatierung
3270 '--------------
3280 V=5:N=3
3290 FOR D= 1 TO DU
3300   FOR I=1 TO AZ+4
3310     ZA=PAR(I,D):GOSUB 3360
3320   NEXT I
3330   I=AZ+6:ZA=PAR(I,D):GOSUB 3360
3340 NEXT D
3350 RETURN
3360 Z1=INT(ABS(ZA)):Z2=INT(10^N*(ABS(ZA)-Z1)+.5)
3370 IF ZA >= 0 THEN Z1$="    "+MID$(STR$(Z1),2,V)
3380 IF ZA < 0 THEN Z1$="-"+MID$(STR$(Z1),2,V)
3390 Z1$=RIGHT$("    "+Z1$,V)
```

```
3400 Z2$=LEFT$(RIGHT$("00000"+MID$(STR$(Z2),2),N)+"   ",N):Z$=Z1$+"."+Z2$
3410 PA$(I,D)=Z$:RETURN
3420 '-------------------
3430 ' Grafikdarstellung
3440 '-------------------
3450 '-------------------
3460 ' Grafix Anweisungen
3470 '-------------------
3480 ' * LINIENTYPE UND LINIENSTÄRKE *
3490 PRINT LINET$;LINET:PRINT LINEW$;LINEW:RETURN
3500 ' * TEXT IM GRAFIKMODE *
3510 PRINT HIRES$;A$:RETURN
3520 ' * SCHRIFT AUSWAHL *
3530 PRINT SCHR$;CHRTYP$
3540 ' * SCHRIFTGRÖSSE NORMAL *
3550 PRINT CHRX2R$:RETURN
3560 ' * CURSOR AUS/PEN UP-HOME *
3570 PRINT CUOFF$:RETURN
3580 ' * CURSOR POSITIONIERUNG IN X UND Y *
3590 X%=X:Y%=Y:PRINT POSA$;X%,Y%:RETURN
3600 ' *  ZEICHNET RELATIV IN X UND Y *
3610 X%=X:Y%=Y:PRINT DRAWRE$;X%,Y%:RETURN
3620 ' *  ZEICHNET ABSOLUT IN X UND Y *
3630 X%=X:Y%=Y:PRINT DRAWAB$;X%,Y%:RETURN
3640 '-----------------------
3650 ' Linientypen Darstellung
3660 '-----------------------
3670 A$(1)="_____":A$(2)="_ _ _":A$(3)="___.."
3680 FOR P=1 TO DU
3690  IF DEV = 1 THEN YERS=0 ELSE YERS=-5
3700   X=LM+175+50*(P-1):Y=HM+YERS:ON DEV GOSUB 3580,8270
3710   A$=A$(P)
3720   ON DEV GOSUB 3500,8130
3730 NEXT:RETURN
3740 '-----------------
3750 ' Parameterausgabe
3760 '-----------------
3770 GOSUB 3260
3780 HM=75
3790 LM=480
3800 CHRTYP$="small":ON DEV GOSUB 3520,8180: PRINT UNDLON$
3810 X=LM:Y=HM:ON DEV GOSUB 3580,8270:A$="PARAMETER:":ON DEV GOSUB 3500,8130
3820 PRINT CHRX2R$:PRINT UNDLOFF$
3830 X=LM:Y=HM+13:ON DEV GOSUB 3580,8270
3840 FOR Z=1 TO 7:PAR$(AZ+Z)=PARRS$(14+Z):NEXT Z
3850 FOR N=1 TO AZ
3860  A$=PAR$(N):ON DEV GOSUB 3500,8130
3870  FOR I=1 TO DU
3880   A$=PA$(N,I):ON DEV GOSUB 3500,8130
3890  NEXT I
3900   X=LM:Y=Y+10:ON DEV GOSUB 3580,8270
3910 NEXT N
3920 X=LM:Y=Y+15:ON DEV GOSUB 3580,8270:PRINT UNDLON$
3930 A$="ERGEBNISSE:":ON DEV GOSUB 3500,8130:PRINT UNDLOFF$
3940 X=LM:Y=Y+10:ON DEV GOSUB 3580,8270
3950 FOR N=AZ+1 TO AZ+7
3960  A$=PAR$(N):ON DEV GOSUB 3500,8130
3970   FOR I=1 TO DU
```

```
3980    ON N-AZ GOTO 3990,3990,4010,4010,4030,4030,4030
3990 IF FLAGWZ(I) = 0 THEN A$="  unendl." ELSE A$=PA$(N,I)
4000 ON DEV GOSUB 3500,8130: GOTO 4040
4010   IF  FLAGWD(I)=0 THEN A$="    -     " ELSE A$=PA$(N,I)
4020 ON DEV GOSUB 3500,8130: GOTO 4040
4030   A$=PA$(N,I):ON DEV GOSUB 3500,8130
4040   NEXT I:X=LM:Y=Y+10:ON DEV GOSUB 3580,8270
4050 NEXT N
4060 GOSUB 3650
4070 '----------------------
4080 'Darstellung der Formel
4090 '----------------------
4100 LM=0
4110 IF RST =6 THEN CHRTYP$="small":ON DEV GOSUB 3520,8180:GOTO 4130
4120 CHRTYP$="med":ON DEV GOSUB 3520,8180
4130 FOR I= 1 TO 2:X=LM:Y=40+((I-1)*20):ON DEV GOSUB 3580,8270:A$=X$(I):ON DEV GOSUB
 3500,8130:NEXT
4140 PRINT CUOFF$:RETURN
4150 '----------------
4160 'FENSTERKONTROLLE
4170 '----------------
4180 IF X < XLMIN OR X > XLMAX THEN AUS=1:POSA=0:RETURN
4190 IF Y < YLMIN OR Y > YLMIN+YL THEN AUS=1:POSA=0
4200 RETURN
4210 '------------------------------------------------
4220 '* * Unterprogramm Koordinatensystem * *
4230 '------------------------------------------------
4240 KCOPY=1:IF KCOPY$="ja" THEN KCOPY=.9:XLI=(XLI-YLMIN)*KCOPY+YLMIN
4250 LINET=1: LINEW=1:ON DEV GOSUB 3480,8010
4260 YLMIN=100:YLMAX=370:YL=(YLMAX-YLMIN)*KCOPY
4270 XL=YL/KCOPY*1.5:XLMIN=40:XLMAX=XLMIN+XL
4280 IF FLAGZ=1 THEN 4320
4290 ZOOM=1
4300 XLI=YLMIN+YL/2:YLI=XLMIN+XL/2
4310 '-----------------
4320 ' Grunddarstellung
4330 '-----------------
4340 X=YLI:Y=YLMIN:ON DEV GOSUB 3580,8270:Y=YLMIN+YL:ON DEV GOSUB 3620,8370
4350 X=XLMIN:Y=XLI:ON DEV GOSUB 3580,8270:X=XLMIN+XL:ON DEV GOSUB 3620,8370
4360 '---------------
4370 ' X- Skalierung
4380 '---------------
4390 SW1=5/ZOOM:SKX=SW1/5:S=XL/10:MXA=XL/(SW1*2):REM sw=Skal Weite
4400 FOR K=-1 TO 1 STEP 2
4410 FOR I=0 TO 11*K STEP K
4420 AUS=0:X=YLI+S*I:Y=XLI-2:GOSUB 4160:IF AUS=1 THEN 4440
4430 ON DEV GOSUB 3580,8270:Y=XLI+2:ON DEV GOSUB 3620,8370
4440 NEXT I,K
4450 '---------------
4460 ' Y - Skalierung
4470 '---------------
4480 SKY=SW1/5:S=(XL*KCOPY)/(10*1.5):MYA=YL/(SW1*2):REM sw=Skal Weite
4490 FOR K=-1 TO 1 STEP 2
4500 FOR I=0 TO 11*K STEP K
4510 AUS=0:X=YLI-3:Y=XLI+S*I:GOSUB 4160:IF AUS=1 THEN 4530
4520 ON DEV GOSUB 3580,8270:X=YLI+3:ON DEV GOSUB 3620,8370
4530 NEXT I,K
```

```
4540 '--------------------
4550 ' Skalenbeschriftung
4560 '--------------------
4570 '----------------------------
4580 ' Beschriftung der X-Skalierung
4590 '----------------------------
4600 CHRTYP$="smprop":ON DEV GOSUB 3520,8180
4610 S=XL/10:Y=XLI+10
4620 FOR K=-1 TO 1 STEP 2:X=YLI:J=1
4630 FOR I=0 TO 10*K STEP K
4640 AUS=0:GOSUB 4160:IF AUS =1 THEN 4660
4650 ON DEV GOSUB 3580,8270:A$=LEFT$(STR$(SKX*I),4):ON DEV GOSUB 3500,8130
4660 X=YLI-2*K+S*J*K-10:J=J+1
4670 NEXT I,K
4680 '----------------------
4690 'Beschriftung X - Achse
4700 '----------------------
4710 CHRTYP$="med":ON DEV GOSUB 3520,8180
4720 Y=XLI+20:X=XLMIN+XL-20
4730 ON DEV GOSUB 3580,8270
4740 A$="Re":ON DEV GOSUB 3500,8130
4750 '----------------------------
4760 'Beschriftung der Y - Skalierung
4770 '----------------------------
4780 CHRTYP$="smprop":ON DEV GOSUB 3520,8180
4790 S=YL/10:X=YLI-35
4800 FOR K=-1 TO 1 STEP 2:Y=XLI-3:J=1
4810 FOR I=0 TO 10*K STEP K
4820 AUS=0:GOSUB 4160:IF AUS=1 THEN 4850
4830 ON DEV GOSUB 3580,8270:A$=LEFT$(STR$(SKY*I*-1),4)
4840 ON DEV GOSUB 3500,8130
4850 Y=XLI-3+S*J*K:J=J+1
4860 NEXT I,K
4870 '----------------------------
4880 'Beschriftung der Y - Achse
4890 '----------------------------
4900 CHRTYP$="med":ON DEV GOSUB 3520,8180
4910 Y=YLMIN+5:X=YLI-55
4920 ON DEV GOSUB 3580,8270
4930 A$="Im":ON DEV GOSUB 3500,8130
4940 GOSUB 3750
4950 '---------
4960 'Lineplott
4970 '---------
4980 FOR D=1 TO DU: LINET=D: LINEW=1:ON DEV GOSUB 3480,8010
4990 POSA=0
5000 FOR I=1 TO WI(D)-3:AUS=0
5010 X=RE(I,D)*MXA+YLI:Y=XLI-IM(I,D)*MYA:GOSUB 4160:IF AUS=1 THEN 5040
5020 IF POSA=0 THEN ON DEV GOSUB 3580,8270:POSA=1
5030 X=RE(I+1,D)*MXA+YLI:Y=XLI-IM(I+1,D)*MYA::ON DEV GOSUB 3620,8370
5040 NEXT I
5050 NEXT D
5060 RETURN
5070 '---------------
5080 'Kursorsteuerung
5090 '---------------
5100 PRINT "Bewege mit Hilfe der 'Pfeiltasten' den Kursor zum neuen Koordinaten-Null
punkt !"
```

```
5110 FOR ZEIT=1 TO 5000:NEXT ZEIT
5120 PRINT"Die Positionierung des Kursors wird mit S oder s abgeschlossen !"
5130 PRINT CUON$:X=YLI:Y=XLI:ON DEV GOSUB 3580,8270
5140 Z$=INKEY$:IF Z$="" THEN 5140
5150 Z=ASC(Z$):IF Z>64 AND Z<69 THEN 5170
5160 IF Z$ = "s" OR Z$="S" THEN 5220 ELSE 5140
5170 ON Z-64 GOTO 5200,5210,5180,5190
5180 X=X+3:ON DEV GOSUB 3580,8270:GOTO 5140
5190 X=X-3:ON DEV GOSUB 3580,8270:GOTO 5140
5200 Y=Y-2:ON DEV GOSUB 3580,8270:GOTO 5140
5210 Y=Y+2:ON DEV GOSUB 3580,8270:GOTO 5140
5220 FLAGZ=1:XLI=Y:YLI=X:PRINT CUOFF$:PRINT CLR$:RETURN
5230 '-------------
5240 'Fehlerroutine
5250 '-------------
5260 PRINT "File nicht gefunden ";: RESUME 1310
5270 PRINT"Noch kein File gespeichert !";:RESUME 1830
5280 '---------------------
5290 'JA oder NEIN Antwort
5300 '---------------------
5310 K$=INKEY$:IF K$="" THEN 5310
5320 IF K$="J" OR K$= "j" THEN ANS=1:GOTO 5350
5330 IF K$="N" OR K$="n" THEN ANS=0:GOTO 5350
5340 PRINT CHR$(7);:GOTO 5310
5350 PRINT K$:RETURN
5360 '----------------
5370 'Parametereingabe
5380 '----------------
5390 ROW=37:COL=47
5400 AZ=LEN(PL$(RST))/2
5410 PRINT CLRPP$
5420 A$="PARAMETEREINGABE FÜR "+SL$
5430 PRINT LOCATE$;CHR$(ROW);CHR$(69-INT(LEN(A$)/2));A$
5440 ROW=ROW+3
5450 FOR I=1 TO AZ
5460 PRINT LOCATE$;CHR$(ROW);CHR$(COL);
5470 Z=I*2-1:X$=MID$(PL$(RST),Z,2):X=VAL(X$)
5480 PRINT I;".  ";PARRS$(X);:INPUT PARRS(X)
5490 ROW = ROW + 1
5500 PAR$(I)=PARRS$(X):PAR(I,1)=PARRS(X)
5510 NEXT I
5520 DU=1:FLAGZ=0:ZOOM=1
5530 ROW=ROW+3
5540 A$= " ******** I C H   R E C H N E ....... ********
5550 PRINT LOCATE$;CHR$(ROW+3);CHR$(69-INT(LEN(A$)/2));A$
5560 PRINT CUPOFF$
5570 PRINT E$;"m268"
5580 '--------------
5590 '* Berechnung *
5600 '--------------
5610 ON ERROR GOTO 6210
5620 DATUM$=DATE$
5630 DT=DU:FOR PLOT=1 TO DT
5640 DU=PLOT
5650 WMIN=.0001:W=WMIN:WI=1:PI=3.14159:KDEG=180/PI:INC=.0001
5660 GOSUB 6270:IF IM(WI,DU) <1 THEN FLAGWMIN(DU)=1
5670 FLAGWZ(DU)=0:WMAX=100000!:PA$(AZ+5,DU)=" instabil":KCOPY$=""
5680 GOSUB 6270:IF FO>10/ZOOM THEN 6050
```

```
5690 FT=F0:IT=IM:WK=W
5700 W=W+INC:WI=WI+1
5710 PRINT "wi= ";WI
5720 IF WI>1000 THEN PRINT "Berechnung muß vorzeitig abgebrochen werden.":PRINT "Die
  Ergebnisse können falsch oder unvollständig sein !!!";CHR$(7);CHR$(7):PRINT"weiter
mit RETURN":INPUT WEITER$:GOTO 5830
5730 GOSUB 6270:M1=IM(WI-1,DU)-IM(WI,DU):M2=RE(WI-1,DU)-RE(WI,DU):M3=SQR(M1^2+M2^2)
5740 IF F0<.0001 OR W>WMAX THEN 5830
5750 IF (SGN(FT-1)<>SGN(F0-1) OR F0-1=0) AND FLAGWD(DU)=0 THEN GOSUB 5860
5760 IF (SGN(IT)<>SGN(IM) OR IM=0) AND FLAGWZ(DU)=0 THEN GOSUB 5950
5770 IF K2=1 THEN K2=0:GOTO 5800
5780 IF M3<.1/ZOOM THEN W=W-INC:K1=1:INC=2*INC:WI=WI-1:GOTO 5700
5790 IF K1=1 THEN K1=0:GOTO 5700
5800 IF M3>.3/ZOOM AND INC>W/100000! THEN W=W-INC:K2=1:INC=INC/2:WI=WI-1:GOTO 5700
5810 FT=F0:IT=IM:WK=W
5820 GOTO 5700
5830 WI(DU)=WI
5840 IF FLAGWZ(DU)=0 AND ABS(RE)<1 THEN PA$(AZ+5,DU)="   stabil"
5850 GOTO 6160
5860 WT=W:K3=0
5870 IF ABS(F0-1)<.0001 OR K3>20 THEN 5920
5880 WE=W:W=(WK+WE)/2:GOSUB 6270
5890 IF F0=1 THEN 5870
5900 IF SGN(FT-1)=SGN(F0-1) THEN WK=W:FT=F0:W=WE:K3=K3+1:GOTO 5870
5910 WE=W:K3=K3+1:GOTO 5870
5920 K3=0:FLAGWD(DU)=1:IF RE=0 THEN PAR(AZ+4,DU)=90:GOTO 5940
5930 PAR(AZ+4,DU)=ATN(IM/RE)*KDEG: IF FLAGWZ(DU)=0 AND RE<0 AND IM>0 THEN PAR(AZ+4,D
U)=PAR(AZ+4,DU)+180
5940 PAR(AZ+3,DU)=W:W=WT:RETURN
5950 WT=W:K3=0
5960 IF (ABS(IM)<.00005 OR K3>20)   THEN GOTO 6010
5970 WE=W:W=(WK+WE)/2:GOSUB 6270
5980 IF IM=0 THEN 5960
5990 IF SGN(IT)=SGN(IM) THEN WK=W:IT=IM:W=WE:K3=K3+1:GOTO 5960
6000 WE=W:K3=K3+1:GOTO 5960
6010 IF RE<0 THEN 6030
6020 FLAGWZ(DU)=1:PAR(AZ+1,DU)=W:PAR(AZ+2,DU)=1/RE:IF RE<1 THEN PA$(AZ+5,DU)="   sta
bil"
6030 K3=0:W=WT:RETURN
6040 F0=SQR(RE^2+IM^2):RETURN
6050 K3=0
6060 INC=W/10:FT=F0:IT=IM:WK=W:W=W+INC:GOSUB 6270:IF SGN(IT)<>SGN(IM) AND FLAGWZ(DU)
=0 THEN GOSUB 5950
6070 IF SGN(F0-10/ZOOM)=SGN(FT-10/ZOOM) THEN 6060
6080 IF ABS(F0-10/ZOOM)<.01/ZOOM OR K3>20 THEN 6120
6090 WE=W:W=(WE+WK)/2:GOSUB 6270
6100 IF SGN(FT-10/ZOOM)=SGN(F0-10/ZOOM) THEN WK=W:FT=F0:W=WE:K3=K3+1:GOTO 6080
6110 WE=W:K3=K3+1:GOTO 6080
6120 INC=W/1000:GOTO 5690
6130 '----------------
6140 'RECHNUNG BEENDET
6150 '----------------
6160 REM
6170 PRINT"wi",WI:WI(DU)=WI:GOSUB 6890:FOR I= 1 TO 1500:NEXT
6180 NEXT PLOT:DU=DT
6190 GOTO 470  :REM START DES PLOT'S
6200 ' -------------
6210 ' Fehlerroutine
6220 ' -------------
```

```
6230 PRINT CHR$(7);"F E H L E R in der Eingabe !?":FOR I= 1 TO 10000:NEXT:RESUME 870
6240 '----------------------------
6250 ' Verteiler zu Regler-Strecke
6260 '----------------------------
6270 ON RST GOSUB 6330,6410,6490,6570,6660,6750
6280 IM=IM(WI,DU):RE=RE(WI,DU):GOSUB 6040
6290 RETURN
6300 '----------------------------
6310 ' Formeln der Regler-Strecken
6320 '----------------------------
6330 '* * PD - PTt-I * *
6340 VR=PAR(1,DU):VS=PAR(2,DU):TI=PAR(3,DU):TV=PAR(4,DU):TT=PAR(5,DU)
6350 VO=VR*VS
6360 W(WI,DU)=W
6370 RE(WI,DU)=VO/(W*TI)*(SIN(W*TT)-W*TV*COS(W*TT))
6380 IM(WI,DU)=VO/(W*TI)*(COS(W*TT)+W*TV*SIN(W*TT))
6390 X$(1)="RE(FO)=VO/(w*TI)*(SIN(w*TT)-w*TV*COS(w*TT))"
6400 X$(2)="IM(FO)=VO/(w*TI)*(COS(w*TT)+w*TV*SIN(w*TT))":RETURN
6410 '* * P - PT1-Tt * *
6420 VR=PAR(1,DU):VS=PAR(2,DU):T1=PAR(3,DU):TT=PAR(4,DU)
6430 VO=VR*VS
6440 W(WI,DU)=W
6450 RE(WI,DU)=VO/(1+W^2*T1^2)*(W*T1*SIN(W*TT)-COS(W*TT))
6460 IM(WI,DU)=VO/(1+W^2*T1^2)*(W*T1*COS(W*TT)+SIN(W*TT))
6470 X$(1)="RE(FO)=VO/(1+w^2*T1^2)*(w*T1*SIN(w*TT)-COS(w*TT))"
6480 X$(2)="IM(FO)=VO/(1+w^2*T1^2)*(w*T1*COS(w*TT)+SIN(w*TT))":RETURN
6490 '* * PD - PT1-I * *
6500 VR=PAR(1,DU):VS=PAR(2,DU):T1=PAR(3,DU):TI=PAR(4,DU):TV=PAR(5,DU)
6510 VO=VR*VS
6520 W(WI,DU)=W
6530 RE(WI,DU)=VO*W^2*(T1*TI-TI*TV)/(W^2*TI^2+W^4*T1^2*TI^2)
6540 IM(WI,DU)=VO*(W*TI+W^3*T1*TI*TV)/(W^2*TI^2+W^4*T1^2*TI^2)
6550 X$(1)="RE(FO)=VO*w^2*(T1*TI-TI*TV)/(w^2*TI^2+w^4*T1^2*TI^2)"
6560 X$(2)="IM(FO)=VO*(w*TI+w^3*T1*TI*TV)/(w^2*TI^2+w^4*T1^2*TI^2)":RETURN
6570 '* * PI - PT2 * *
6580 VR=PAR(1,DU):VS=PAR(2,DU):T2=PAR(3,DU):TN=PAR(4,DU):D9=PAR(5,DU)
6590 VO=VR*VS
6600 W(WI,DU)=W
6610 RE(WI,DU)=VO*(W^2*T2^2+(2*D9*T2/TN)-1)/((1-W^2*T2^2)^2+4*D9^2*W^2*T2^2)
6620 IM(WI,DU)=VO*(2*D9*W*T2+1/(W*TN)-W*T2^2 /TN)/((1-W^2*T2^2)^2+4*D9^2*W^2*T2^2)
6630 X$(1)="RE(FO)=VO*(w^2*T2^2+(2*D*T2/TN)-1)/((1-w^2*T2^2)^2+4*D^2*w^2*T2^2))"
6640 X$(2)="IM(FO)=VO*(2*D*w*T2+1/(w*TN)-w*T2^2/TN)/((1-w^2*T2^2)^2+4*D^2*w^2*T2^2)"
6650 RETURN
6660 '* * PD - PT2 * *
6670 VR=PAR(1,DU):VS=PAR(2,DU):T2=PAR(3,DU):TV=PAR(4,DU):D9=PAR(5,DU)
6680 VO=VR*VS
6690 W(WI,DU)=W
6700 RE(WI,DU)=VO*(W^2*T2^2-2*D9*W^2*T2*TV-1)/((1-W^2*T2^2)^2+4*D9^2*W^2*T2^2)
6710 IM(WI,DU)=VO*(2*D9*W*T2-W*TV+W^3*T2^2*TV)/((1-W^2*T2^2)^2+4*D9^2*W^2*T2^2)
6720 X$(1)="RE(FO)=VO*(w^2*T2^2-2*D*w^2*T2*TV-1)/((1-w^2*T2^2)^2+4*D^2*w^2*T2^2)"
6730 X$(2)="IM(FO)=VO*(2*D*w*T2-w*TV+w^3*T2^2*TV)/((1-w^2*T2^2)^2+4*D^2*w^2*T2^2)"
6740 RETURN
6750 '* * PID - PT1-PT1-Tt * *
6760 VR=PAR(1,DU):VS=PAR(2,DU):T1=PAR(3,DU):T2=PAR(4,DU):TV=PAR(5,DU):TN=PAR(6,DU):T
T=PAR(7,DU)
6770 VO=VR*VS
6780 W(WI,DU)=W
6790 RE(WI,DU)=VO*(((W*T1+W*T2)*(1/(W*TN)-W*TV)+W^2*T1*T2-1)*COS(W*TT)+(W^2*T1*T2*(W
*TV-1/(W*TN))+W*(T2+T1-TV)+1/(W*TN))*SIN(W*TT))/((1+W^2*T1^2)*(1+W^2*T2^2))
```

```
6800 IM(WI,DU)=VO*((W^2*T1*T2*(W*TV-1/(W*TN))+W*(T2+T1-TV)+1/(W*TN))*COS(W*TT)-((W*T
1+W*T2)*(1/(W*TN)-W*TV)+W^2*T1*T2-1)*SIN(W*TT))/((1+W^2*T1^2)*(1+W^2*T2^2))
6810 XZ1$="RE(F0)=VO(((wT1+wT2)(1/(wTn)-wTv)+w^2T1T2-1)cos(wTt)+(w^2T1T2(wTv-1/(wTn)
)+"
6820 XZ2$="w(T1+T2-Tv)+1/(wTn))sin(wTt))/((1+w^2T^2))
6830 X$(1)=XZ1$+XZ2$
6840 XZ11$="IM(F0)=VO((w^2T1T2(wTv-1/(wTn))+w(T1+T2-Tv)+1/(wTn))cos(wTt)-"
6850 XZ22$="((wT1+wT2)(1/(wTn)-wTv)+w^2T1T2-1)sin(wTt))/((1+w^2T1^2)(1+w^2T2^2))"
6860 X$(2)=XZ11$+XZ22$
6870 RETURN
6880 STOP
6890 ON RST GOSUB 6910,6950,6990,7030,6950,7070
6900 RETURN
6910 TI$(DU)="   unendl."
6920 RE=PAR(1,DU)*PAR(2,DU)/PAR(3,DU)*(PAR(5,DU)-PAR(4,DU))
6930 GOSUB 7110
6940 RETURN
6950 TI$(DU)="      0    "
6960 RE=-PAR(1,DU)*PAR(2,DU)
6970 GOSUB 7110
6980 RETURN
6990 TI$(DU)="   unendl."
7000 RE=PAR(1,DU)*PAR(2,DU)*(PAR(3,DU)-PAR(5,DU))/PAR(4,DU)
7010 GOSUB 7110
7020 RETURN
7030 TI$(DU)="   unendl."
7040 RE=PAR(1,DU)*PAR(2,DU)*(2*PAR(5,DU)*PAR(3,DU)/PAR(4,DU)-1)
7050 GOSUB 7110
7060 RETURN
7070 TI$(DU)="   unendl."
7080 RE=PAR(1,DU)*PAR(2,DU)*(PAR(3,DU)/PAR(6,DU)+PAR(4,DU)/PAR(6,DU)+PAR(7,DU)/PAR(6
,DU)-1)
7090 GOSUB 7110
7100 RETURN
7110 ' übergabe
7120 PAR(AZ+6,DU)=RE: PA$(AZ+7,DU)=TI$(DU)
7130 RETURN
7140 ' ----------------------------------------------
7150 ' Werteausgabe auf den Bildschirm bzw. Drucker
7160 ' ----------------------------------------------
7170 PRINT CLR$
7180 CALL LPT
7190 U1$="######":U2$="######.#####"
7200 PRINT E$;"m2 8"
7210 PRINT "Welchen Plot ? (1-3)"
7220 U3$=INKEY$:I1=VAL(U3$):IF I1<1 OR I1>DU THEN 7220
7230 PRINT "            Plot Nr.";I1
7240 U$="     I      w in Hz     Re F0(w)     Im F0(w)      "
7250 PRINT U$:PRINT
7260 FOR I=1 TO WI(I1)
7270 IF I/20=INT(I/20) THEN PRINT "<RET>: weitere Werte, <E> od <e>: Ende, <P> od <p
>: Werte auf Drucker"
7280 IF I/20=INT(I/20) THEN U3$=INKEY$:IF U3$="" THEN 7280
7290 IF U3$="E" OR U3$="e" THEN 7350
7300 IF U3$="P" OR U3$="p" THEN 7370
7310 IF I/20=INT(I/20) THEN PRINT CLR$:PRINT "            Plot Nr.";I1:PRINT U$:
PRINT
7320 PRINT USING U1$;I;:PRINT USING U2$;W(I,I1);:PRINT USING U2$;RE(I,I1);:PRINT USI
NG U2$;IM(I,I1)
```

```
7330 NEXT I
7340 PRINT
7350 PRINT "Noch einen Plot ?":GOSUB 5290:IF ANS=1 THEN 7210
7360 RETURN
7370 LPRINT E$;CHR$(64);:LPRINT E$;"M";:LPRINT E$;"C";CHR$(72);:LPRINT E$;"N";CHR$(1
2);
7380 LPRINT "                    Plot Nr.";I1:LPRINT:LPRINT U$:LPRINT
7390 FOR I=2 TO WI(I1)
7400 LPRINT USING U1$;I;:LPRINT USING U2$;W(I,I1);:LPRINT USING U2$;RE(I,I1);:LPRINT
 USING U2$;IM(I,I1)
7410 NEXT I
7420 LPRINT E$;CHR$(64);
7430 GOTO 7350
7440 '-------------
7450 'Informationen
7460 '-------------
7470 PRINT CLRPP$:PRINT"Dieses Programm erlaubt die gleichzeitige Darstellung dreier
 Ortskurven."
7480 PRINT"Nach jedem Rechnerlauf können die Parameter geändert werden."
7490 PRINT"Die Bildschirm-Graphik läßt sich drucken oder plotten (auf HP-Plotter)."
7500 PRINT"Das Programm kann nicht unterbrochen werden."
7510 PRINT"Sollte das Programm AUSSTEIGEN, drücke die RESET-Taste an der Rechner-"
7520 PRINT"Rückseite und dann NYQUIST und es geht weiter."
7530 PRINT
7540 PRINT "HINWEIS:"
7550 PRINT"Es ist darauf zu achten,daß beim Einsatz eines PID - Reglers die
7560 PRINT"Bedingung Tn >> Tv erfüllt sein muß !!
7570 PRINT:PRINT"Die Genauigkeit der berechneten Ergebnisse beträgt 0.01% !!
7580 PRINT:PRINT"Wartezeiten, die bei der Neuberechnung von Ortskurven mit verändert
em Maßstab  entstehen, sind darin begründet,daß der Rechner für jede Ortskurve ein
neues  wmin berechnet,mit dem er die neue Kurve beginnt.
7590 PRINT
7600 PRINT"Regelungen, für die sich mehrere wd ergeben, sind mit der regeltechnisch"
7610 PRINT"nicht sinnvollen Verst. Vo<=1 gerechnet worden - Ergebnisse genau beachte
n !"
7620 PRINT
7630 PRINT"Nun drücke eine beliebige Taste und das Programm läuft weiter."
7640 TASTE$=INKEY$
7650 IF TASTE$="" THEN 7640
7660 GOTO 870
7670 '-----------------
7680 ' PLOTTER BEFEHLE
7690 '-----------------
7700 PRINT"Plotter einschalten und A4 Papier einlegen !! "
7710 PRINT"Zum Start drücke eine beliebige Taste !"
7720 CALL TTY
7730 TASTE$= INKEY$:IF TASTE$="" THEN 7730 ELSE FORMAT$="4"
7740 XPLMAX%=11040 :YPLMAX%=7721 : MAPL=XPLMAX%/274.6 : MMXPL=274.6 : MMYPL=192.1
7750 LPRINT "IN;"      :' Plotter initialisieren
7760 LPRINT "CS33;"    :' Zeichensatz Deutsch
7770 FORMAT%=INT(VAL(FORMAT$))
7780 LPRINT "PS",FORMAT%;
7790 GOSUB 7970
7800 '-------
7810 ' RAHMEN
7820 '-------
7830 LPRINT "SP1;PU0,700;PD;"
7840 LPRINT "PA0",YPLMAX%,",",XPLMAX%,",",YPLMAX%,",",XPLMAX%,"700,0,700;PU;"
```

```
7850 '-----------
7860 ' ÜBERSCHRIFT
7870 '-----------
7880 Y=0:X=-35
7890 GOSUB 8270:CHRTYP$="BESCHR":GOSUB 8180:A$=DATUM$:GOSUB 8130
7900 LPRINT "PU8000,1200;"
7910 LPRINT "PD;"
7920 LPRINT "DI-1,0;SI.4,.7;SL0.268;"
7930 LPRINT "LBNYQUISTDIAGRAMM",CHR$(3),"PU;"
7940 CHRTYP$="BESCHR":GOSUB 8180
7950 LPRINT "PU8000,1400;PD;"
7960 LPRINT "LB"UT$;CHR$(3);"PU;"
7970 PLF=12     : ' PLOTTFAKTOR =12
7980 YVER=1000 : ' Y VERSCHIEBUNG
7990 RETURN
8000 ' --------------------------
8010 ' LINIENTYPE UND LINIENSTÄRKE
8020 ' --------------------------
8030 IF LINEW=1 THEN LPRINT "SP2;"
8040 IF LINEW=2 THEN LPRINT "SP1;"
8050 REM IF LINEW=3 THEN LPRINT "SP3;"
8060 REM IF LINEW=4 THEN LPRINT "SP4;"
8070 ' --------------------------
8080 IF LINET=1 THEN LPRINT "LT;"
8090 IF LINET=2 THEN LPRINT "LT3;"
8100 IF LINET=3 THEN LPRINT "LT6;"
8110 RETURN
8120 '-------------
8130 ' PLOT SCHRIFT
8140 '-------------
8150 LPRINT "LB"A$;CHR$(3)
8160 RETURN
8170 '-------------
8180 ' SCHRIFTARTEN
8190 '-------------
8200 IF CHRTYP$="normal" THEN LPRINT "DI-1,0;CS33;SL0;SI.3,.5;SP2;"
8210 IF CHRTYP$="med"    THEN LPRINT "DI-1,0;CS33;SL.267941;SI.22,.30;SP2;"
8220 IF CHRTYP$="small"  THEN LPRINT "DI-1,0;CS33;SL.267941;SI.12,.25;SP2;"
8230 IF CHRTYP$="smprop" THEN LPRINT "DI-1,0;CS33;SL.267941;SI.12,.24;SP2;"
8240 IF CHRTYP$="BESCHR" THEN LPRINT "DI-1,0;CS33;SL.268;SI.17,.28;SP1;"
8250 RETURN
8260 ' ---------------------------------
8270 ' STIFT POSITIONIERUNG IN X UND Y
8280 ' ---------------------------------
8290 X%=(850-X)*PLF:Y%=YVER+Y*PLF*1.5:LPRINT "PU",X%,",",Y%,";"
8300 RETURN
8310 ' -------------------------
8320 ' PLOTTET RELATIV IN X UND Y
8330 ' -------------------------
8340 X%=-X*PLF:Y%=Y*PLF*1.5:LPRINT "PD;PR",X%,",",Y%,";"
8350 RETURN
8360 ' -------------------------
8370 ' PLOTTET ABSOLUT IN X UND Y
8380 ' -------------------------
8390 X%=(850-X)*PLF:Y%=YVER+Y*PLF*1.5:LPRINT "PD;PA",X%,",",Y%,";"
8400 RETURN
8410 STOP:END

C>
```

4 Programm-Beschreibung „NYQUIST 4"

Die Syntax des Rechner-Dialogs wurde auf jeweils eine Textzeile
am unteren Bildschirmrand beschränkt, um der gesamten Ortskur-
ven-Graphik genügend Raum zu lassen. Die einzutastenden Dialog-
Inkremente bestehen nur aus einzelnen Buchstaben ("J" = Ja,
"N" = Nein, "S" = Speichern, usw.) als Antwort auf den vom
Rechner gesteuerten Fragenablauf.

Das Programm startet automatisch von der Diskette /5/ nach
zweimaligem Drücken der RETURN-Taste (Umgehen der Datums- und
Zeiteingabe) und Eingeben des Namens "NYQUIST". Dann verläuft
die Regelkreis-Optimierung entsprechend dem im Flußdiagramm
(B i l d 3) angegebenen Ablauf.

Bei mehr als 1000 Rechenwerten stoppt der Rechner und zeigt an,
daß die Ergebnisse falsch oder unvollständig sein können. Dieser Fall tritt bei technischen Regelkreisen nicht auf. Nicht
sinnvolle Eingaben des Benutzers können jedoch bei Regelkreisen
mit Totzeit zu diesem Rechenwert-Grenzwert führen. Drückt man
eine beliebige Taste, stellt der Rechner die Graphik für 1000
Rechenwerte dar.

Zur Berechnung von ω_Z muß der Rechner den Schnittpunkt der
Ortskurve mit der positiven reellen Achse bestimmen. Durchläuft
die Ortskurve die Abszisse unter einem sehr kleinen Winkel,
kann die Rechenzeit schon ein bis zwei Minuten dauern. Damit
der Benutzer weiß, daß die Berechnung noch andauert, wird die
laufende Nummer der gerechneten ω-Werte (ω_i) am unteren Bildschirmrand eingeblendet.

In der Grundausstattung des Sirius-Rechners mit "Doppel-Floppy"
reicht auch in der compilierten Programm-Version der Speicher-

platz für die Rechenwerte $Re(\underline{F}_0)$, $Im(\underline{F}_0)$ und ω_i bei drei Rechenläufen nicht aus. In diesem Falle muß die Auflösung der Kurven etwas reduziert werden. Dies geschieht durch Ändern der folgenden Programm-Zeile:

```
350 DIM RE(500,3),IM(500,3),W(500,3),TR$(3),TI$(3)
```

Nach dem Programm-Start erscheint auf dem Bildschirm das erste "Menü" (B i l d 4). Eine Kurzinformation über das Programm kann man durch Drücken der "6" abfragen.
Drückt man "1", kommt eine Liste der möglichen Paarungen aus Regler und Strecke (B i l d 5).

Die angezeigten sechs Regelkreis-Varianten lassen sich durch geschickte Wahl der Parameter auf mehr als zwanzig erweitern. So wird aus der Nr. 6 (PID-Regler und PT_1-PT_1-PT_t-Strecke) für $T_N \rightarrow \infty$ und $T_1 = 0$ eine Regelung aus PD-Regler und PT_1-PT_t-Strecke.

Da viele technische Regelstrecken aus einer oder zwei großen und mehreren kleinen Zeitkonstanten bestehen, können die kleinen Zeitkonstanten ohne große Einschränkungen der Genauigkeit zu einer Ersatzzeitkonstanten zusammengefaßt werden. Auf diese Weise kann der Benutzer das Programm um andere Regelkreis-Varianten leicht erweitern.

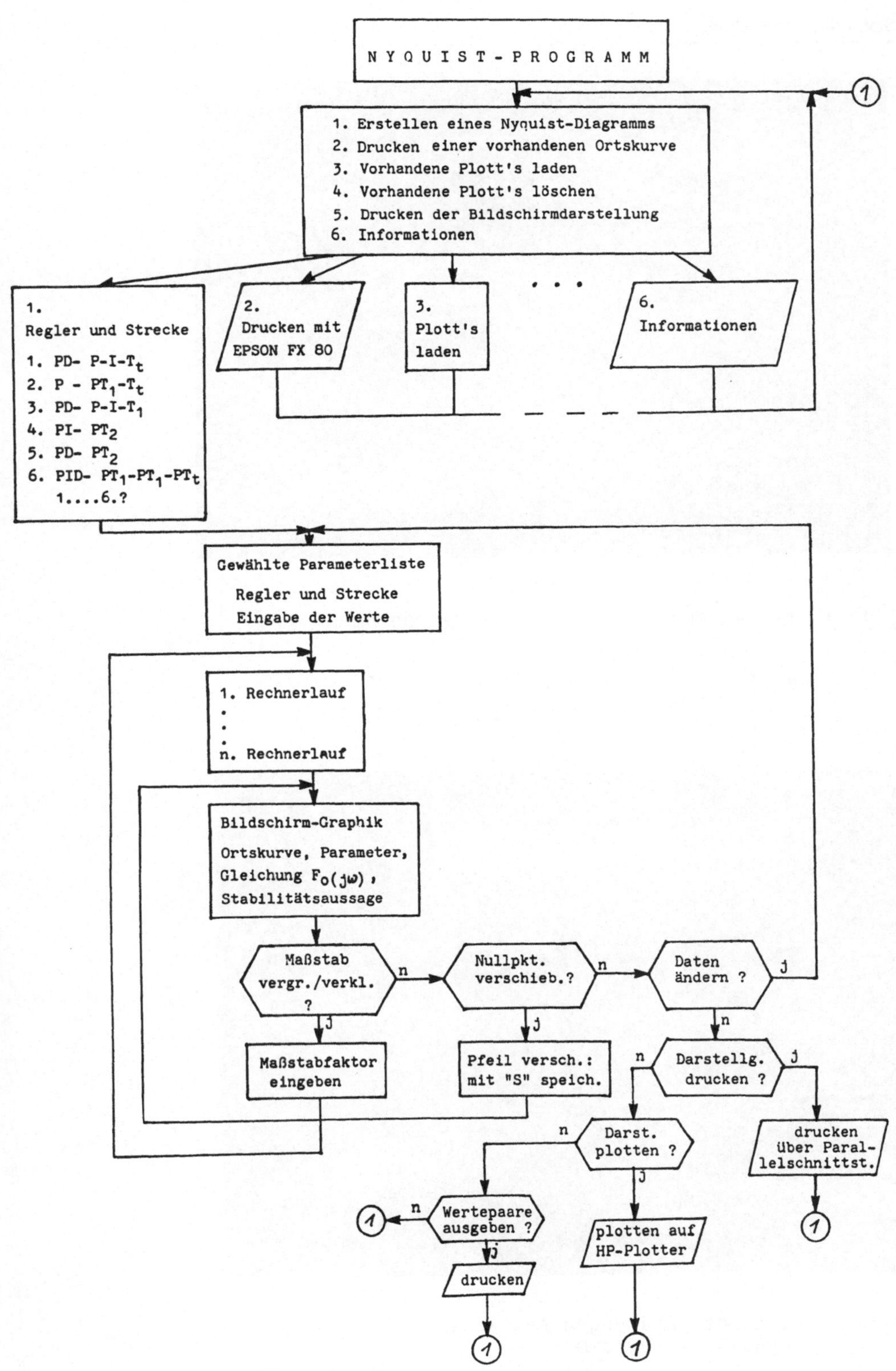

Bild 3 Flußdiagramm für das "Nyquist"-Programm

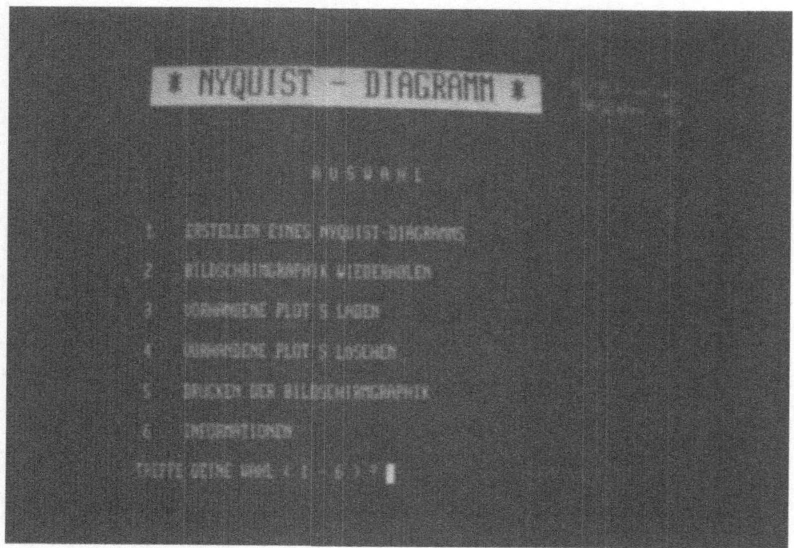

Bild 4   Erstes "Menü" des "Nyquist"-Programms

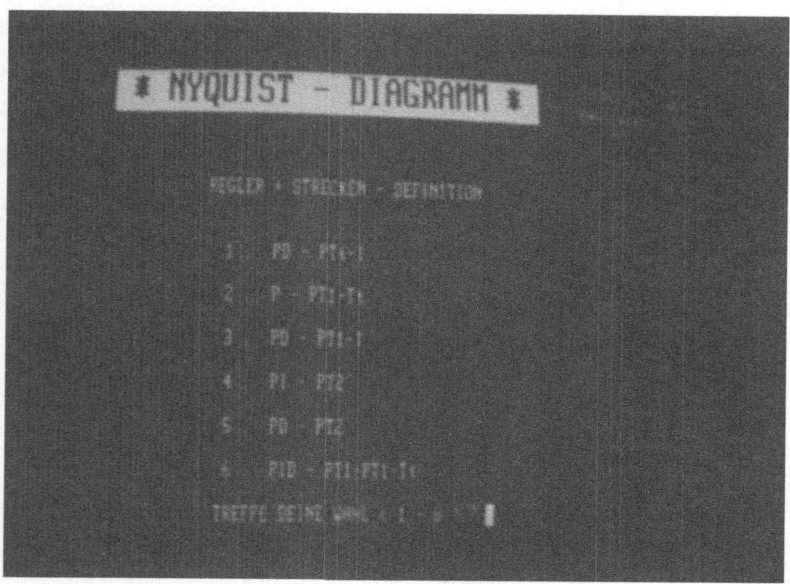

Bild 5   Liste der Paarungen aus Regler und Strecke beim
         "Nyquist"-Programm

5 Beispiele

5.1 Temperatur-Regelung

In B i l d 6 ist die Temperatur-Regelung eines Durchlauferhitzers mit Drehstromsteller dargestellt.

Wählt man einen PD-Regler, ergibt sich das in B i l d 7 gezeigte Blockschaltbild. Darin steht die Totzeit für den Drehstromsteller und das I-Glied für das Temperatur-Verhalten. Tippt man nun entsprechend Bild 5 die Nr. "1", erscheint die Parameter-Liste dieses Regelkreises (B i l d 8).

Nach Eingabe der gewählten Werte erfolgt der erste Rechnerlauf mit dem Maßstabfaktor 1 (Real- und Imaginärteil von $\underline{F}_0$ liegen in der Graphik im Bereich von ± 10).

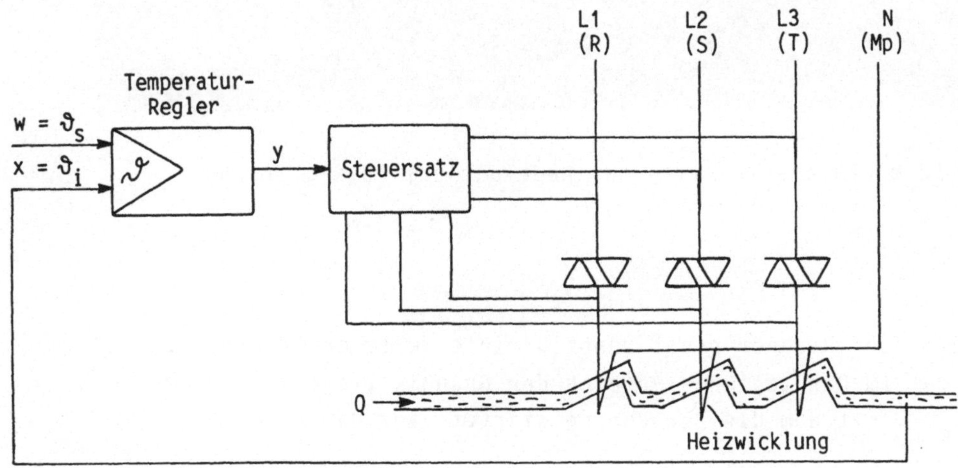

Bild 6   Wirkschaltplan einer Temperatur-Regelung mit Durchlauferhitzer und Drehstromsteller

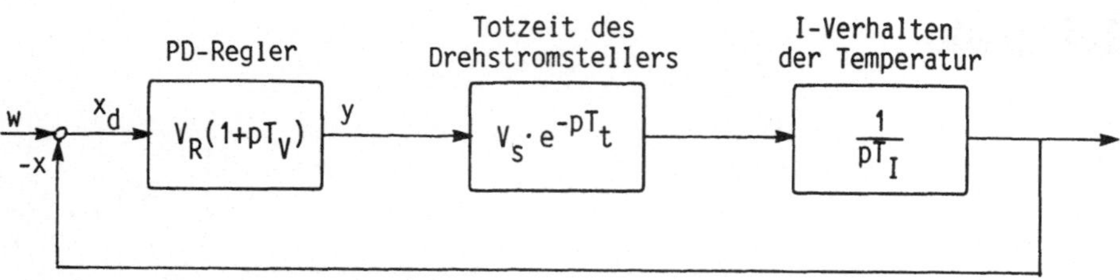

<u>Bild 7</u>   Blockschaltbild der Temperatur-Regelung

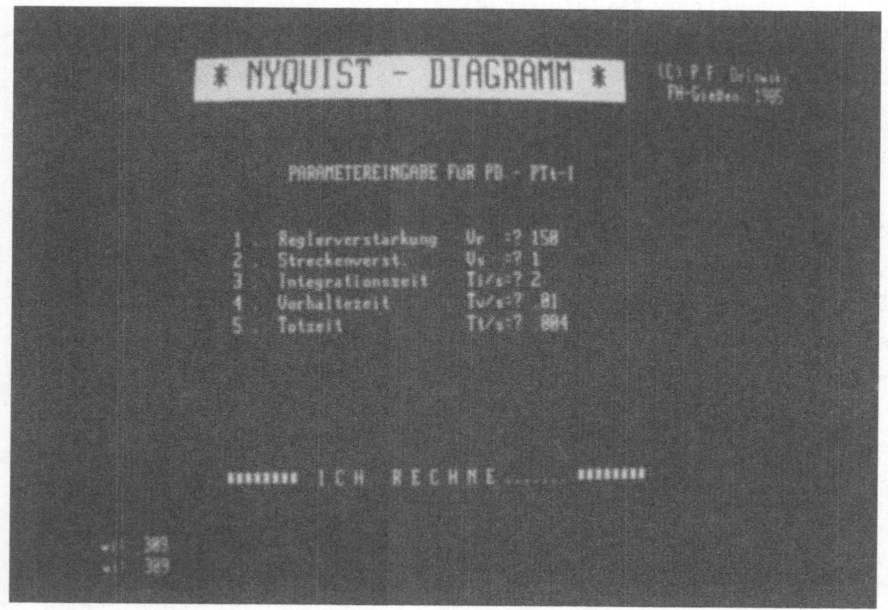

<u>Bild 8</u>   Parameter-Liste der Regelung aus PD-Regler und
           PT_t-I-Strecke

Damit der Rechner nicht unnötig viele Werte ermittelt, die gar
nicht im Darstellungs-Bereich der Graphik liegen, wird der Wert
ω_{min}, mit dem die Berechnung startet, aus der Formel

$$\frac{|\underline{F}_0| - 10}{\text{Maßstabfaktor}} \overset{!}{=} 0$$

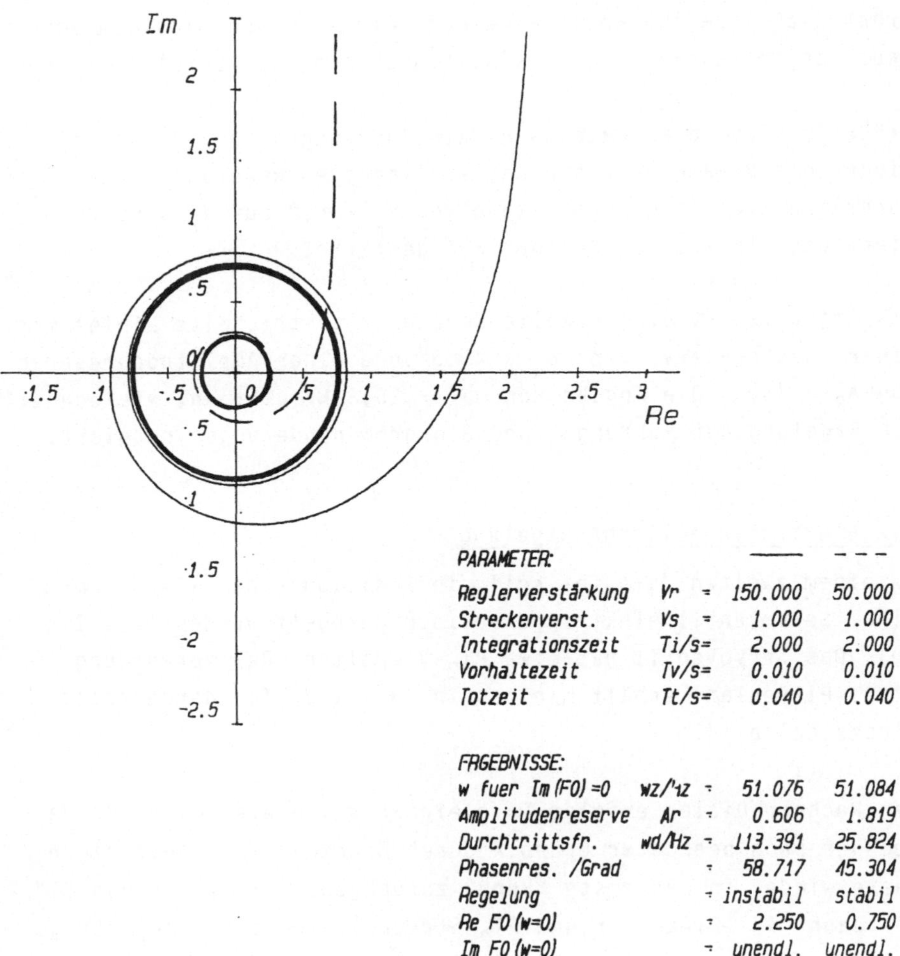

Bild 9 Graphik für zwei Rechnerläufe mit PD-Regler und PT$_t$-I-Strecke auf dem HP 7475A

bestimmt. Nach jedem Rechnerlauf erscheinen alle Ortskurven im Maßstab eins. Damit vom Maßstab her veränderte Kurven vollständig dargestellt werden, müssen diese ebenfalls neu berechnet werden, da sich ihr ω_{min} möglicherweise geändert hat.

Nach beendeter Berechnung erscheint die Bildschirm-Graphik mit der Stabilitätsaussage und allen Parametern (B i l d 9). Hier ergab sich eine instabile Regelung, wie sich auch aus dem Verlauf der Ortskurve ersehen läßt (durchgezogene Linie).

Drückt man auf die Frage nach Datenänderungen "J", erscheint wieder die Parameter-Liste der vorliegenden Regelung. Hier wurde nun die Reglerverstärkung von V_r = 150 auf V_r = 50 reduziert und ein zweiter Rechnerlauf gestartet.

Das Ergebnis ist eine stabile Regelung (gestrichelte Linie) mit einer Phasenreserve von α_R = 45,3^O und einer Amplitudenreserve von A_R = 1,82. Die Angabe von ω_D = 25,8 Hz gibt an, wie schnell die Regelung auf Führungs- und Störgrößenänderungen reagiert.

5.2 Elektrohydraulische Regelung

In einem zweiten Beispiel soll die Position eines Tisches mit einem Servoventil elektrohydraulisch geregelt werden (B i l d 10). Das Servoventil hat etwa PT_2-Verhalten. Bei Verwendung eines PI-Reglers erhält man das in B i l d 11 dargestellte Blockschaltbild.

Der Rechner-Dialog erfolgt in gleicher Weise wie zuvor, da der Rechner nach beendeter Graphik durch Drücken einer beliebigen Taste wieder in das erste "Menü" zurückgeht. Tippt man nun "1" und dann "4" (PI-Regler und PT_2-Strecke), kommt die zugehörige Parameter-Liste.

Sind die Werte eingegeben, erfolgt der erste Rechnerlauf (B i l d 12). Die Stabilitätsaussage ergibt eine instabile Regelung (durchgezogene Linie). Diese Aussage erhält man nicht nur als Folge der negativen Phasenreserve, sondern auch mit der Amplitudenreserve, die dann kleiner eins wird.

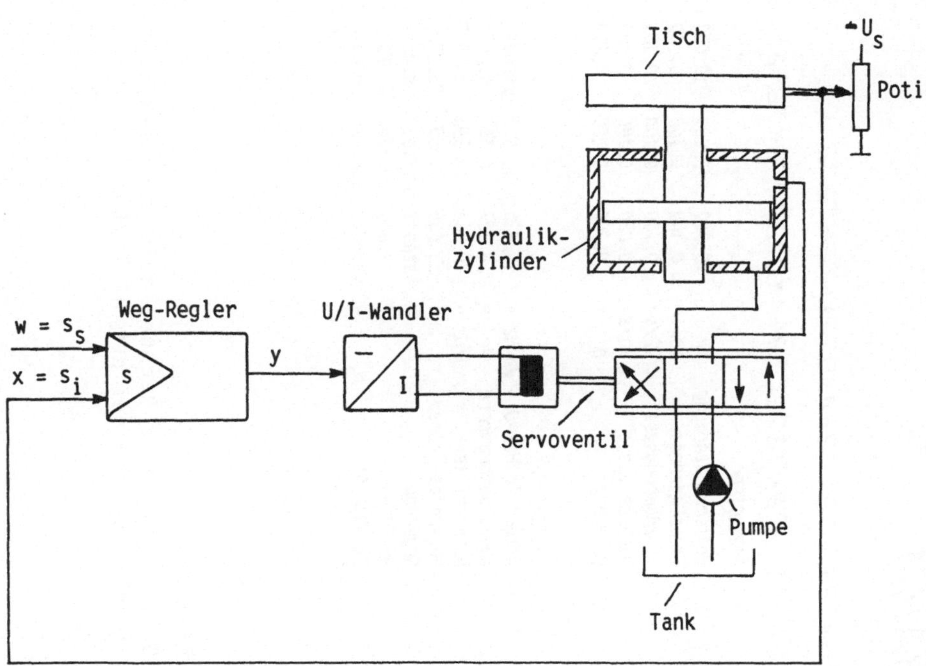

Bild 10 Wirkschaltplan einer Positions-Regelung mit Servoventil

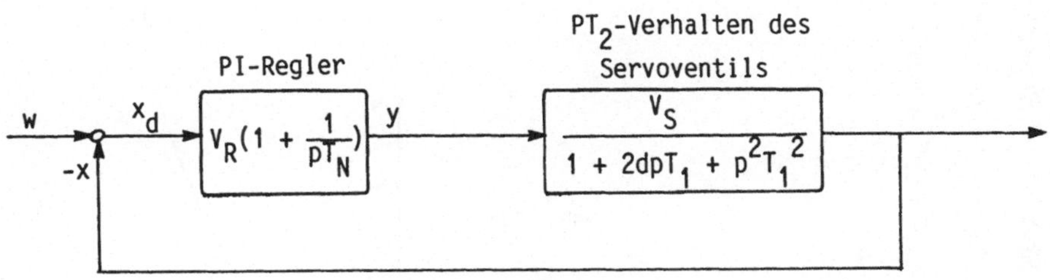

Bild 11 Blockschaltbild der Positions-Regelung

Geht man wieder in die Parameter-Liste zurück, lassen sich die
Werte ändern. Hier hat ein Vergrößern der Nachstellzeit des
Reglers auf T_N = 0,5 s im dritten Rechnerlauf eine stabile Re-
gelung mit α_R = 24,2^O, ω_D = 13,6 Hz und A_R = ∞ ergeben
(Strich-Punkt-Linie).

32   01-30-1985

NYQUISTDIAGRAMM
Regler + Strecke: PI - PT2.

$$RE\,(FO) = VO * (w^2 * T2^2 + (2*D*T2/TN) - 1) / ((1 - w^2*T2^2)^2 + 4*D^2*w^2*T2^2))$$

$$IM\,(FO) = VO * (2*D*w*T2 + 1/(w*TN) - w*T2^2/TN) / ((1 - w^2*T2^2)^2 + 4*D^2*w^2*T2^2)$$

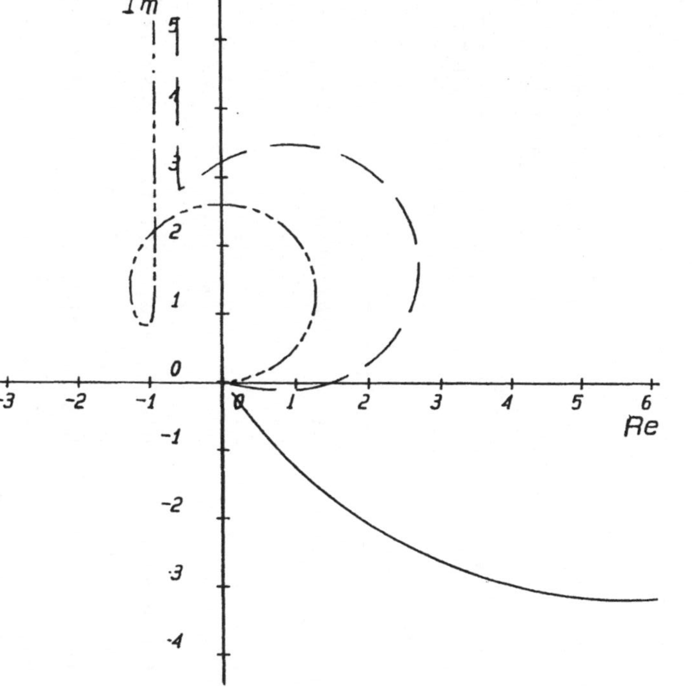

PARAMETER:

			—	- - -	—··
Reglerverstärkung	Vr	=	10.000	10.000	10.000
Streckenverst.	Vs	=	0.100	0.100	0.100
Verzögerungszeit	T2/s=		0.100	0.100	0.100
Vachstellzeit	Tn/s=		0.020	0.100	0.500
Dämpfung	d	=	0.200	0.200	0.200

ERGEBNISSE:

w fuer Im (FO) =0	wz/Hz	=	10.426	12.912	unendl.
Amplitudenreserve	Ar	=	0.087	0.667	unendl.
Durchtrittsfr.	wd/Hz	=	19.194	14.398	13.608
Phasenres. /Grad		=	-53.035	-6.555	24.220
Regelung		=	instabil	instabil	stabil
Re FO (w=0)		=	1.000	-0.600	-0.920
Im FO (w=0)		=	unendl.	unendl.	unendl.

Bild 12

Graphik für drei Rechnerläufe mit PI-Regler und PT_2-Strecke auf dem HP 7475A

Die drei dargestellten Rechnerläufe sind damit ein Beispiel für den Einfluß der Nachstellzeit auf die Stabilität der vorliegenden Regelung.

Durch mehrmalige Anwendung des Programms kann sich der Benutzer schon ein beträchtliches Erfahrungs-Potential aneignen, als dessen Ergebnis bald eine Optimierung "in die richtige Richtung" erfolgt. Dabei hilft auch, daß man über das erste "Menü" eine Datei der Bildschirm-Graphiken anlegen kann, die jederzeit abrufbar ist.

6 BASIC-Programm zur Regelkreis-Optimierung im Bode-Diagramm

T a b e l l e 2 zeigt die Anweisungsliste für die Bildschirm-
Graphik des Bode-Diagramms /5/. Die Darstellung von Frequenz-
gangbetrag $|\underline{F}_0|$ und Phasenwinkel φ_0 geht über vier Dekaden der
Frequenz ω im logarithmischen Maßstab. Als Stabilitäts-Aussage
werden die Werte von ω_D, A_R und α_R eingeblendet.

Da das Bode-Diagramm einigen Platz erfordert, ist auch hier nur
die gleichzeitige Darstellung von maximal drei Rechnerläufen
möglich. Die zugehörigen Parameter werden in die Graphik ein-
gefügt. Die im Programm realisierte Stabilitäts-Berechnung ist
in den Gleichungen (3), (6) und (8) bis (10) des vereinfachten
Nyquist-Kriteriums gegeben.

Der Vorteil des Bode-Diagramms liegt in der Aufteilung des
Frequenzgangs nach Betrag und Phase sowie in der logarithmischen Darstellung. So wird aus der Multiplikation der Frequenz-
gänge $\underline{F}_R \cdot \underline{F}_S = \underline{F}_0$ die Addition im logarithmischen Maßstab. Damit
ergibt sich eine überaus anschauliche Darstellung des Übertra-
gungsverhaltens einer Regelung, mit der auch eine gute Vorausabschätzung der zu wählenden Parameter möglich ist.

Da der Wert $\omega = 0$ im logarithmischen Maßstab ausgeschlossen
ist ($\lg 0 = -\infty$), wird in der Parameter-Liste nach ω_{min} ge-
fragt. Mit dieser Frequenz beginnt dann die Abszisse. Ein Maß
für ω_{min} ist die größte eingegebene Zeitkonstante. Es ist vor-
teilhaft $\omega_{min} \approx 0{,}1/T_{max}$ zu wählen.

Tabelle 2 Anweisungsliste für das "Bode"-Programm

```
10 '* * * * * * * * * * * * * * * * * * * *
20 '* *           BODEDIAGRAMM            * *
30 '* *           VERSION BODE8           * *
40 '* *   RUDOLF DIEHL; PETER F. ORLOWSKI * *
50 '* *            07.02.1985             * *
60 '* * * * * * * * * * * * * * * * * * * *
70 E$=CHR$(27):G$=E$+"5":REM CHR$(27)=ESC-Taste
80 SCHR$=G$+"i"
90 CUON$=G$+"q"  :CUPON$=E$+"y5"
100 CUOFF$=G$+"r":CUPOFF$=E$+"x5"
110 POSR$=G$+"R"
120 POSA$=G$+"Q"
130 LINEW$=G$+"Y"
140 LINET$=G$+"Z"
150 INV$=G$+"J"
160 INVR$=G$+"K"
170 CHRX2$=G$+"G"
180 CHRX2R$=G$+"H"
190 REVON$=G$+"v"    :REVPON$=E$+"p"
200 REVOFF$=G$+"w"   :REVPOFF$=E$+"q"
210 UNDLON$=G$+"y"   :UDLPON$=E$+"O"
220 UNDLOFF$=G$+"z"  :UDLPOFF$=E$+"1"
230 DRAWAB$=G$+"U"
240 DRAWRE$=G$+"f"
250 HIRE$=G$+"p"
260 CLR$=G$+"2"      :CLRPP$=E$+"E"
270 CURE$=G$+"1"     :CUPRE$=E$+"k"
280 LICOPY$=G$+"?"
290 LOCATE$=E$+"Y"
300 '------------------
310 ' Initialisierung
320 '------------------
330 WIDTH 255
340 CR=7:PRINT RES$:DU=1
350 ANZAHL=18
360 DIM PARRS$(18),PAR$(18),PAR(18,3),PARRS(18),RST$(20),A$(3)
370 DIM AA$(7),PL$(18),WD(3),ALFAR(3),X(18),PA$(18,3),YQ(3),YO(3),FLAGWD(3),PHID
(3),FLAGWZ(3),UN$(18),YTITEL$(3),YUNIT$(3),WI(3)
380 FOR I=1 TO 7:READ AA$(I):NEXT:FOR I=1 TO 10:READ RST$(I):NEXT:FOR I=1 TO ANZ
AHL
390 READ PARRS$(I):NEXT:FOR I=1 TO 10:READ PL$(I):NEXT
400 DIM FO(600,3),PHI(600,3),WW(600,3)
410 '--------------------------
420 ' Baud-Rate Port A auf 4800
430 '--------------------------
440 DEF SEG=&HE002 : POKE 3,54
450 POKE 0,16
460 POKE 0,0
470 '--------------------------
480 DRUCK=1:GOTO 550
490 PRINT CLRPP$:PRINT:PRINT:PRINT"Ist der Epson-Drucker angeschlossen ?(j/n) ";
500 DRUCK$=INKEY$:IF DRUCK$ ="" THEN 500 ELSE IF DRUCK$="j" OR DRUCK$="J" THEN D
RUCK=1 ELSE DRUCK=2
510 ON DRUCK GOTO 520,530
520 PRINT:PRINT:PRINT"Die Ausgabe der Hardcopy erfolgt auf dem Epson-Drucker !!"
:GOTO 540
530 PRINT:PRINT:PRINT"Die Ausgabe der Hardcopy erfolgt auf dem Sirius-Drucker !!
"
540 FOR I= 1 TO 2000:NEXT
550 GOTO 790 : 'Programmwahl
```

```
560 '--------------------
570 ' Start des Plot's
580 '--------------------
590 GOSUB 2690:GOSUB 2720:GOSUB 3030:GOSUB 2760:GOSUB 2800:START=1
600 DEV=1:    ' 1 - BILDSCHIRM / 2 - HP PLOTTER
610 PRINT CUPOFF$"
620 Y=0:X=50-4*LEN(DATE$)
630 PRINT CUON$:PRINT CLR$
640 GOSUB 3730:PRINT SCHR$;"MED":PRINT HIRE$;DATUM$
650 A$=T$:GOSUB 2170
660 PRINT SCHR$;"NORMAL
670 X=250-5*LEN(UT$):Y=16:GOSUB 3730
680 PRINT HIRE$;UT$
690 PRINT REVOFF$:PRINT E$;"m278"
700 GOSUB 4400:IF PFLAG=1 THEN PFLAG=0:ANS=1:GOTO 730
710 A$="Möchtest du Daten ändern ? ":GOSUB 770: GOSUB 5210:IF ANS=1 THEN KORR=0:
GOTO 2850
720 PRINT CLRPP$:A$="Möchtest du den Bildschirminhalt auf den Drucker übertragen
 ?":GOSUB 770:GOSUB 5210:
730 IF ANS=1 THEN PRINT CLRPP$:IF DRUCK=1 THEN CALL LPT:PRINT LICOPY$ ELSE CALL
UL1:PRINT LICOPY$
740 A$="Soll ein Plott des Bodediagramms erstellt werden ?":GOSUB 770:GOSUB 5210
750 IF ANS=1 THEN PRINT CLRPP$:DEV=2:GOSUB 7150 :GOSUB 4400
760 A$="Drücke eine beliebige Taste !!": GOSUB 770:GOTO 790
770 ROW=55:COL=32:PRINT LOCATE$;CHR$(ROW);CHR$(COL);A$:RETURN
780 '------------------------
790 ' P R O G R A M M W A H L
800 '------------------------
810 PRINT CLR$
820 A$=" * BODEDIAGRAMM * ":GOSUB 2050
830 C=7:ROW=37:COL=42:FOR I=1 TO C:UN$(I)=AA$(I):NEXT I
840 A$="             A U S W A H L":FLAGR=0
850 GOSUB 1800
860 ON ASC(B$)-96 GOTO 880,990,1030,1220,1080,960,6910
870 '------------------------------
880 ' REGLER - STRECKEN DEFINITON
890 '------------------------------
900 C=10:ROW=37:COL=55:FOR I=1 TO C:UN$(I)=RST$(I):NEXT I
910 A$="REGLER + STRECKEN - DEFINITION":PRINT CLRPP$
920 GOSUB 1800
930 RST=X:SL$=RST$(X)
940 GOTO 5290
950 '------------------------------------
960 'Bildschirm Copy auf den Drucker
970 '------------------------------------
980 PFLAG=1
990 IF START=1 THEN 570
1000 A$= " * * * * * Kein Plot gespeichert ! * * * * * * "
1010 PRINT CLRPP$;LOCATE$;CHR$(42);CHR$(47);A$
1020 VERZ=2:GOSUB 1760:GOTO 830
1030 IF START=1 THEN GOTO 1500
1040 GOTO 1000
1050 PRINT "kein File vorhanden !":VERZ=2:GOSUB 1760
1060 GOSUB 3600:GOTO 830
1070 '--------------------
1080 ' Datenfile löschen
1090 '--------------------
1100 ON ERROR GOTO 1050
1110 PRINT CLRPP$
1120 INPUT "Bezeichnung des Laufwerks ? ",LA$
1130 WIDTH 80:FILES LA$+":*.PLT":PRINT:WIDTH 255
1140 PRINT:INPUT "Name des zu löschenden Files ";N$
1150 IF N$="" THEN PRINT CLRPP$:GOTO 830
1160 N$=N$+".PLT":PRINT:PRINT"Möchtest du diesn File wirklich löschen? ";N$;"?"
;:GOSUB 5230: IF ANS=0 THEN 830
```

```
1170 ON ERROR GOTO 5190
1180 NN$=LA$+":"+N$:KILL NN$
1190 PRINT:PRINT N$;" GELöSCHT ! !":VERZ=1.5:GOSUB 1760
1200 GOTO 830
1210 '-----------------------------
1220 ' Daten von einem File lesen
1230 '-----------------------------
1240 PRINT CLRPP$:PRINT CUPOFF$:PRINT
1250 INPUT "Von welchem Laufwerk ? ",LA$
1260 PRINT"Die vorhandenen Files lauten:":PRINT
1270 WIDTH 80
1280 ON ERROR GOTO 1050
1290 PRINT:FILES LA$+":*.PLT":PRINT
1300 WIDTH 255
1310 PRINT
1320 INPUT "Welcher Plott? - Name eingeben!";F$
1330 IF F$="" THEN 790
1340 IF LEN(F$)>8 OR LEN(F$)<1 THEN PRINT"Falsche Eingabe !":GOTO 1320
1350 F$=F$+".PLT"
1360 FI$=LA$+":"+F$
1370 ON ERROR GOTO 5180
1380 OPEN "I",1,FI$
1390 PRINT:PRINT"Ich lese die Daten von Laufwerk ";LA$;"  aus ";F$
1400 INPUT #1,DATUM$:INPUT #1,DU:INPUT #1,WI:INPUT #1,WMIN
1410 FOR I=1 TO DU:FOR J=1 TO WI:INPUT#1,FO(J,I):INPUT #1,PHI(J,I):INPUT #1,WW(J
,I):NEXT J,I
1420 INPUT #1,UT$:INPUT #1,AZ:INPUT #1,FLAGWD
1430 IF FLAGWD=0 THEN 1450
1440 FOR I=1 TO DU:INPUT #1,WD(I),ALFAR(I),WI(I):NEXT
1450 FOR J=1 TO DU:FOR I=1 TO AZ:INPUT #1,PAR$(I):INPUT#1,PAR(I,J):NEXT I,J
1460 CLOSE 1
1470 START=1
1480 GOTO 570
1490 '-----------------------------
1500 ' Daten auf Diskette speichern
1510 '-----------------------------
1520 PRINT CLRPP$:PRINT CUPOFF$:PRINT
1530 INPUT "Auf welches Laufwerk ? ",LA$
1540 PRINT "Die Daten für diesen Plot werden auf Diskette in Laufwerk ";LA$;"  g
espeichert"
1550 PRINT"Bitte gewünschten Dateinamen angeben
1560 PRINT"- max. 8 Zeichen
1570 PRINT"- Das erste Zeichen muß ein Buchstabe sein !!
1580 PRINT"- ohne Zusatz (Programmname erhält im Programm den Zusatz .PLT: ";
1590 INPUT F$
1600 IF LEN(F$)>8 THEN PRINT"Falsche Eingabe !":GOTO 1590
1610 F$=F$+".PLT"
1620 FI$=LA$+":"+F$
1630 PRINT:PRINT
1640 PRINT"      * * * * * * Die Daten werden gespeichert * * * * * * * * * * *
1650 OPEN "O",1,FI$
1660 PRINT #1,DATUM$:PRINT #1,DU:PRINT #1,WI:PRINT #1,WMIN
1670 FOR I=1 TO DU:FOR J=1 TO WI:PRINT#1,FO(J,I):PRINT #1,PHI(J,I):PRINT #1,WW(J
,I):NEXT J,I
1680 PRINT #1,UT$:PRINT #1,AZ:PRINT #1,FLAGWD
1690 IF FLAGGWD=0 THEN 1710
1700 FOR I=1 TO DU:PRINT #1,WD(I),ALFAR(I),WI(I):NEXT
1710 FOR J=1 TO DU:FOR I=1 TO AZ:PRINT #1,PAR$(I):PRINT#1,PAR(I,J):NEXT I,J
1720 CLOSE 1
1730 PRINT:PRINT"File ";F$;" auf Disk gespeichert ! "
1740 FOR I=1 TO 1000:NEXT
1750 PRINT CLRPP$:GOTO 830
1760 '* * Verzögerung * *
1770 FOR ZEIT =1 TO 5000*VERZ:NEXT
1780 RETURN
```

```
1790 '--------------
1800 ' Menü - Rutine
1810 '--------------
1820 PRINT CLRPP$,CUPON$
1830 PRINT CUOFF$
1840 PRINT LOCATE$;CHR$(ROW);CHR$(COL);A$
1850 RO=2:IF C>7 THEN RO=1
1860 ROW=ROW+2
1870 FOR I=1 TO C
1880 PRINT LOCATE$;CHR$(ROW);CHR$(COL);
1890 ROW=ROW+RO
1900 PRINT CHR$(96+I);".  ";UN$(I)
1910 NEXT I
1920 PRINT LOCATE$;CHR$(ROW);CHR$(COL);
1930 PRINT "TREFFE DEINE WAHL ( ";CHR$(97);" - ";CHR$(96+C);") ? ";
1940 B$ = INKEY$ : IF LEN(B$) = 0 THEN 1940
1950 PRINT B$:NN=RND(0)
1960 X=ASC(B$)-96
1970 IF X<1 OR X>C THEN PRINT CHR$(7):GOTO 1920
1980 PRINT CUOFF$;CUPON$;
1990 ROWW=ROW:ROW =ROWW-(C-X+1)*RO
2000 PRINT UDLPON$
2010 PRINT LOCATE$;CHR$(ROW);CHR$(COL);
2020 PRINT CHR$(96+X);".  ";UN$(X);
2030 RETURN
2040 '-------------
2050 ' GROßSCHRIFT
2060 '-------------
2070 L=10*LEN(A$)
2080 X=350-L:Y=0:GOSUB 3730:PRINT CHRX2$:PRINT REVON$:PRINT SCHR$;"OCR"
2090 PRINT HIRE$;A$:PRINT CHRX2R$:PRINT REVOFF$:PRINT CUOFF$:PRINT SCHR$;"NORMAL
"
2100 PRINT E$;"m2 8"
2110 A$="(C) P.F. Orlowski":ROW=32:COL=90:GOSUB 2150
2120 A$=" FH-Gießen; 1985":ROW=33:COL=90:GOSUB 2150
2130 PRINT E$;"m2#8
2140 RETURN
2150 PRINT LOCATE$;CHR$(ROW);CHR$(COL);A$:RETURN
2160 '--------------
2170 'Normalschrift
2180 '--------------
2190 L=5*LEN(A$)
2200 X=250-L:Y=0:GOSUB 3730:PRINT REVON$:PRINT SCHR$;"NORMAL"
2210 PRINT HIRE$;A$:PRINT REVOFF$:PRINT CUOFF$
2220 RETURN
2230 '--------------------
2240 ' Daten und Parameter
2250 '--------------------
2260 DATA ERSTELLEN EINES BODEDIAGRAMM'S
2270 DATA DRUCKEN EINES VORHANDENEN BODEDIAGRAMM'S
2280 DATA PLOTT ABSPEICHERN                    :       REM AA$
2290 DATA VORHANDENE PLOT'S LADEN
2300 DATA VORHANDENE PLOT'S LöSCHEN
2310 DATA DRUCKEN DER BILDSCHIRMDARSTELLUNG
2320 DATA INFORMATION
2330 DATA P  - PT2 - PTt :REM RTS$
2340 DATA PD - PT1
2350 DATA PD - PTt - I
2360 DATA PD - PT1 - I^2
2370 DATA PD - PT2 - PTt
2380 DATA PI - PT1 - I
2390 DATA PI - PT1 - PT1 -PT1
2400 DATA PI - PT1 - PT2
2410 DATA PI - PT1 - PTt
2420 DATA PID - PT1 - PTt
```

```
2430 DATA Reglerverstärkung    Vr  =              :REM PARR$
2440 DATA Streckenverst.        Vs  =
2450 DATA Streckenverst.        Vst1=
2460 DATA Streckenverst.        Vst2=
2470 DATA Streckenverst.        Vst3=
2480 DATA Streckenverst.        Vstt=
2490 DATA Verzögerungszeit      T1/s=
2500 DATA Verzögerungszeit      T2/s=
2510 DATA Verzögerungszeit      T3/s=
2520 DATA Integrationszeit      Ti/s=
2530 DATA Vorhaltezeit          Tv/s=
2540 DATA Nachstellzeit         Tn/s=
2550 DATA Dämpfung              d   =
2560 DATA Totzeit               Tt/s=
2570 DATA Kreisfrequenz   w min/Hz =
2580 DATA Durchtrittsfreq.   wd/Hz=
2590 DATA Amplitudenreserve  Ar  =
2600 DATA Phasenreserve /Grad     =
2610 DATA 01020608141315,0102071115
2620 DATA 010211101415,010311071015
2630 DATA 0104061108131415,010212071015
2640 DATA 01030405120708091S,0103041207081315
2650 DATA 010206120714015,0103061211071415
2660 '----------------------
2670 ' Skalenbeschriftung
2680 '----------------------
2690 ' * Titel *
2700 T$= "BODE - DIAGRAMM"
2710 RETURN
2720 '* Untertitel *
2730 IF DU>1 THEN 2750
2740 UT$= "Regler + Strecke: "+SL$
2750 RETURN
2760 ' * Y Titel und Einheiten *
2770 IF DEV=1 THEN YTITEL$(1)="#Fo'":YTITEL$(2)=" p" ELSE YTITEL$(1)=" Fo":YTITE
L$(2)="Phi"
2780 YUNIT$(1)=" dB":YUNIT$(2)="Grad"
2790 RETURN
2800 ' *  X Titel und Einheiten *
2810 XTITEL$="Kreisfrequenz    "
2820 XUNIT$="w/Hz"
2830 RETURN
2840 '----------------------
2850 ' Ändern der Parameter
2860 '----------------------
2870 D=DU:DU=DU+1:IF DU > 3 THEN 720
2880 PRINT CLR$
2890 FOR I= 1 TO AZ
2900 PAR(I,DU)=PAR(I,DU-1)
2910 NEXT I
2920 IF KORR =1 THEN D=DU
2930 PRINT E$;"m2#8":PRINT CLRPP$:ROW=37:COL=47:C=AZ-1
2940 GOSUB 3010:GOSUB 1800:INPUT PAR(X,DU):X(X)=X:PRINT LOCATE$;CHR$(ROWW);CHR$(
COL)
2950 D=DU
2960 A$="wünschst du weitere Änderungen ?"
2970 PRINT LOCATE$;CHR$(ROWW+2);CHR$(69-INT(LEN(A$)/2));A$:GOSUB 5210
2980 IF ANS=1 THEN 2930
2990 PRINT CLRPP$:GOTO 5440
3000 '----------------------
3010 ' Parameterauflistung
3020 '----------------------
3030 A$="Die zuletzt eingegebenen Parameter waren"
3040 FOR I = 1 TO AZ-1
3050 UN$(I)=PAR$(I) +" "+STR$(PAR(I,D))
```

```
3060 NEXT I
3070 PRINT
3080 RETURN
3090 '---------------
3100 ' Formatierung
3110 '---------------
3120 V=5:N=3
3130 FOR D=1 TO DU:FOR I=1 TO AZ+3:ZA=PAR(I,D)
3140 Z1=INT(ABS(ZA)):Z2=INT(10^N*(ABS(ZA)-Z1)+.5)
3150 IF ZA >= 0 THEN Z1$="   "+MID$(STR$(Z1),2,V)
3160 IF ZA < 0 THEN Z1$="-"+MID$(STR$(Z1),2,V)
3170 Z1$=RIGHT$("   "+Z1$,V)
3180 Z2$=LEFT$(RIGHT$("0000"+MID$(STR$(Z2),2),N)+"   ",N):Z$=Z1$+"."+Z2$
3190 PA$(I,D)=Z$:NEXT I,D:RETURN
3200 '---------------
3210 '---------------
3220 ' Grafikdarstellung
3230 '---------------
3240 '-------------------
3250 ' Linientypen Darstellung
3260 '-------------------
3270 A$(1)="_____":A$(2)="_ _ _":A$(3)="___.."
3280 FOR P=1 TO DU
3290   IF DEV = 1 THEN YERS=0 ELSE YERS=-5
3300    X=LM+175+50*(P-1):Y=HM+YERS:ON DEV GOSUB 3730,7750
3310    A$=A$(P)
3320     ON DEV GOSUB 3650,7610
3330 NEXT:RETURN
3340 '---------------
3350 ' Parameterausgabe
3360 '---------------
3370 GOSUB 3100
3380 A$="Position der Parameterliste ? (1 = oben rechts;  2 = mitte links) "
3390 GOSUB 770
3400 FOR N=1 TO 1500:NEXT
3410 LMPOS$=INKEY$:IF LMPOS$ < "1" OR LMPOS$ > "2" THEN PRINT CHR$(7):GOTO 3380
3420 PRINT CLRPP$
3430 IF LMPOS$="1" THEN LM=450:HM=0 ELSE LM=XLI+15:IF DEV=1 THEN HM=YQ(1)+8 ELSE
 HM=YQ(1)+20
3440 CHRTYP$="small":ON DEV GOSUB 3670,7660:PRINT UNDLON$
3450 X=LM:Y=HM:ON DEV GOSUB 3730,7750:A$="PARAMETER:":ON DEV GOSUB 3650,7610:ON
DEV GOSUB 3690:PRINT UNDLOFF$
3460 X=LM:Y=13+HM:ON DEV GOSUB 3730,7750
3470 FOR Z= 1 TO 3: PAR$(AZ+Z)=PARRS$(15+Z):NEXT Z
3480 FOR N=1 TO AZ:A$=PAR$(N):ON DEV GOSUB 3650,7610:FOR I=1 TO DU:A$=PA$(N,I):O
N DEV GOSUB 3650,7610
3490 NEXT I:X=LM:Y=Y+10:ON DEV GOSUB 3730,7750
3500 NEXT N
3510 '---------------
3520 ' ERGEBNISSE
3530 '---------------
3540 X=LM:IF DEV=1 THEN Y=YQ(3)+2 ELSE Y=YQ(3)+15
3550 ON DEV GOSUB 3730,7750:PRINT UNDLON$:A$="ERGEBNISSE:":ON DEV GOSUB 3650,761
0:PRINT UNDLOFF$
3560 X=LM:Y=Y+10:ON DEV GOSUB 3730,7750
3570 FOR N=AZ+1 TO AZ+3:A$=PAR$(N):ON DEV GOSUB 3650,7610:FOR I =1 TO DU:A$=PA$(
N,I)
3580 ON DEV GOSUB 3650,7610:NEXT I:X=LM:Y=Y+10:ON DEV GOSUB 3730,7750:NEXT N
3590 GOSUB 3250:GOSUB 3710:RETURN
3600 '-------------------
3610 ' Grafik Anweisungen
3620 '-------------------
3630 ' * LINIENTYPE UND LINIENSTÄRKE *
3640 PRINT LINET$;LINET:PRINT LINEW$;LINEW:RETURN
3650 ' * TEXT IM GRAFIKMODE *
```

```
3660 PRINT HIRE$;A$:RETURN
3670 ' * SCHRIFT AUSWAHL *
3680 PRINT SCHR$;CHRTYP$
3690 ' * SCHRIFTGRöSSE NORMAL *
3700 PRINT CHRX2R$:RETURN
3710 ' * CURSOR AUS/PEN UP-HOME
3720 PRINT CUOFF$:RETURN
3730 ' * CURSOR POSITIONIERUNG IN X UND Y *
3740 X%=X:Y%=Y:PRINT POSA$;X%,Y%:RETURN
3750 ' * ZEICHNET RELATIV IN X UND Y *
3760 X%=X:Y%=Y:PRINT DRAWRE$;X%,Y%:RETURN
3770 ' * ZEICHNET ABSOLUT IN X UND Y *
3780 X%=X:Y%=Y:PRINT DRAWAB$;X%,Y%:RETURN
3790 ' * SET COMB RULE TO CR *
3800 PRINT SRUL$;CR:RETURN
3810 ' * WARTESCHLEIFE *
3820 K$=INKEY$:IF K$="" THEN 3820 ELSE RETURN
3830 '------------------------------
3840 ' Beschriftung der X-Skalierung
3850 '------------------------------
3860 XS1=XLI
3870 CHRTYP$="smprop":ON DEV GOSUB 3670,7660
3880 FOR K=1 TO 4
3890 FOR J=1 TO 2:X=LOG(10)*KL*DE+XS1-3:IF DEV=1 THEN Y=YQ(J)+5 ELSE Y=YQ(J)+12
3900 ON DEV GOSUB 3730,7750:A$=STR$(WMIN*10^K):ON DEV GOSUB 3650,7610
3910 NEXT J:XS1=X:NEXT K
3920 RETURN
3930 '------------------------------
3940 ' Beschriftung Y-Achsen
3950 '------------------------------
3960 GOSUB 2760
3970 FOR I=1 TO 2
3980 CHRTYP$="BESCHR":ON DEV GOSUB 3670,7660
3990 A$=YTITEL$(I)
4000 Y=YO(I):X=0
4010 ON DEV GOSUB 3730,7750
4020 ON DEV GOSUB 3650,7610
4030 A$=YUNIT$(I)
4040 Y=YO(I)+15
4050 ON DEV GOSUB 3730,7750
4060 ON DEV GOSUB 3650,7610
4070 IF DEV=1 THEN YPLK=13 ELSE YPLK=3
4080 X=0:Y=YO(I)+YPLK:ON DEV GOSUB 3730,7750:X=30:Y=YO(I)+YPLK:ON DEV GOSUB 3770
,7850
4090 NEXT I
4100 '------------------------
4110 ' Beschriftung X-Achsen
4120 '------------------------
4130 CHRTYP$="BESCHR":ON DEV GOSUB 3670,7660
4140 GOSUB 3840:GOSUB 2800
4150 CHRTYP$="BESCHR":ON DEV GOSUB 3670,7660
4160 IF DEV=1 THEN YPLK=15 ELSE YPLK=25
4170 FOR I=1 TO 2
4180 A$=XUNIT$
4190 Y=YQ(I)+YPLK:X=700
4200 ON DEV GOSUB 3730,7750
4210 ON DEV GOSUB 3650,7610
4220 NEXT I
4230 '------------------------------
4240 ' Beschriftung der Y-Skalierung
4250 '------------------------------
4260 CHRTYP$="smprop":ON DEV GOSUB 3670,7660
4270 S=YL/8:X=XLI-37:IF DEV=1 THEN Y=YO(1)-4 ELSE Y=YO(1)+2
4280 FOR I=50 TO -30 STEP -10
4290 A$=STR$(I)
```

```
4300 ON DEV GOSUB 3730,7750
4310 ON DEV GOSUB 3650,7610:Y=Y+S:X=XLI-37
4320 NEXT I
4330 S=YL/12:X=XLI-37:IF DEV=1 THEN Y=YO(2)-4ELSE Y=YO(2)+2
4340 FOR I=90 TO -270 STEP -30
4350 A$=STR$(I)
4360 ON DEV GOSUB 3730,7750
4370 ON DEV GOSUB 3650,7610:Y=Y+S:X=XLI-37
4380 NEXT I:RETURN
4390 '-----------------------------------
4400 ' UNTERPROGRAMM KOORDINATENSYSTEM
4410 '-----------------------------------
4420 LINET=1:LINEW=1:ON DEV GOSUB 3630,7490: 'Linienwahl
4430 XLI=72: 'linker Rand des Koordinatensystems
4440 XL=660:YL=150:YO(1)=30:YO(2)=YO(1)+180
4450 YQ(1)=YO(1)+YL*5/8:YQ(2)=YO(2)+(3/12*YL):YQ(3)=YO(2)+(9/12*YL)
4460 FOR I=1 TO 2
4470 X=XLI:Y=YO(I):ON DEV GOSUB 3730,7750:Y=YL+YO(I):X=XLI:ON DEV GOSUB 3770,785
0
4480 X=XLI:Y=YQ(I):ON DEV GOSUB 3730,7750:X=XLI+XL:Y=YQ(I):ON DEV GOSUB 3770,785
0
4490 NEXT I
4500 '---------------
4510 ' Y-Skalierung
4520 '---------------
4530 SW=10:S=YL/8:H=0:MYA=S/SW :REM SW=Skalierungsweite- hier 10dB
4540 FOR I=0 TO 8
4550 X=XLI-3:Y=YO(1)+H:ON DEV GOSUB 3730,7750:X=X+6:ON DEV GOSUB 3770,7850:H=H+S
4560 NEXT I
4570 SW=30:S=YL/12:H=0:MYP=S/SW
4580 FOR I=0 TO 12
4590 X=XLI-3:Y=YO(2)+H:ON DEV GOSUB 3730,7750:X=X+6:ON DEV GOSUB 3770,7850:H=H+S
4600 NEXT I
4610 X=XLI:Y=YQ(3):ON DEV GOSUB 3730,7750:X=XL+XLI:Y=YQ(3):ON DEV GOSUB 3770,784
0
4620 '---------------
4630 ' X-Skalierung
4640 '---------------
4650 XS1=XLI:KL=.434294
4660 DE=XL/4:REM Dekadenlänge
4670 FOR K=1 TO 4
4680 FOR J=1 TO 2: FOR I=2 TO 10: XS=LOG(I)*KL*DE+XS1
4690 X=XS:Y=YQ(J)-3:ON DEV GOSUB 3730,7750:Y=YQ(J)+3:ON DEV GOSUB 3770,7850
4700 NEXT I,J:XS1=XS:NEXT K
4710 GOSUB 3940
4720 '----------
4730 ' Lineplott
4740 '----------
4750 FOR D=1 TO DU:LINET=D:LINEW=1:ON DEV GOSUB 3630,7490
4760 VER=0
4770 LO=LOG(WW(1,1))*KL:IF LO <>0 THEN VER= LO *DE
4780 X=LO *DE+XLI-VER
4790 Y=YQ(1)-FO(1,D)*MYA
4800 ON DEV GOSUB 3730,7750
4810 ANF=1
4820 LO=LOG(WW(ANF,D))*KL
4830 X=LO*DE+XLI-VER:Y=YQ(1)-(FO(ANF,D)*MYA):IF Y> 32 THEN ON DEV GOSUB 3730,775
0 ELSE ANF=ANF+1:GOTO 4820
4840 FOR I=ANF TO WI(D)-1
4850 LO1=LOG(WW(I+1,D))*KL
4860 X=LO1*DE+XLI-VER:Y=YQ(1)-(FO(I+1,D)*MYA):IF X < 780 AND Y < 380 THEN ON DEV
 GOSUB 3770,7850
4870 NEXT I
4880 LO=LOG(WW(1,D))*KL:IF LO <>0 THEN VER= LO *DE
4890 X=LO *DE+XLI-VER
```

```
4900 Y=YQ(2)-PHI(1,D)*MYP
4910 ON DEV GOSUB 3730,7750
4920 ANF=1
4930 LO=LOG(WW(ANF,D))*KL
4940 X=LO*DE+XLI-VER:Y=YQ(2)-(PHI(ANF,D)*MYP):IF X>780 OR Y>380 THEN 4930
4950 ON DEV GOSUB 3730,7750
4960 FOR I=ANF TO (WI*4/5)-1
4970 LO1=LOG(WW(I+1,D))*KL
4980 X=LO1*DE+XLI-VER:Y=YQ(2)-(PHI(I+1,D)*MYP):IF X < 780 AND Y < 380 THEN ON DE
V GOSUB 3770,7850
4990 NEXT I
5000 '--------------------------
5010 ' Durchtrittsmarkierung
5020 '--------------------------
5030 IF FLAGWD(D)= 0 THEN 5110
5040 LINEW=1:ON DEV GOSUB 3630,7490
5050 XD=LOG(PAR(AZ+1,D))*KL*DE+XLI-VER
5060 YD=YQ(2)-PHID(D)*MYP
5070 Y=YQ(1):X=XD
5080 ON DEV GOSUB 3730,7750:Y=YD:X=XD:ON DEV GOSUB 3770,7850
5090 LINEW=2:ON DEV GOSUB 3630,7490:Y=YQ(3):ON DEV GOSUB 3770,7850
5100 LINEW=1:ON DEV GOSUB 3630,7550:Y=YD:X=XLI:ON DEV GOSUB 3730,7750:Y=YD:X=XD:
ON DEV GOSUB 3770,7850
5110 NEXT D
5120 GOSUB 3350
5130 RETURN
5140 '-----------------------
5150 ' Ende der Grafikausgabe
5160 '-----------------------
5170 '* * Fehlerrutine * *
5180 PRINT "File nicht gefunden ";: RESUME 1320
5190 PRINT"File nicht gefunden! ";: RESUME 1140
5200 '-----------------------
5210 ' JA oder NEIN Antwort
5220 '-----------------------
5230 K$=INKEY$:IF K$="" THEN 5230
5240 IF K$="J" OR K$= "j" THEN ANS=1:GOTO 5270
5250 IF K$="N" OR K$="n" THEN ANS=0:GOTO 5270
5260 PRINT CHR$(7);:GOTO 5230
5270 PRINT K$:RETURN
5280 '-----------------
5290 ' Parametereingabe
5300 '-----------------
5310 ROW=37:COL=47
5320 LPL=LEN(PL$(RST))/2
5330 A$="PARAMETEREINGABE FÜR "+SL$:PRINT CLRPP$
5340 PRINT LOCATE$;CHR$(ROW);CHR$(69-INT(LEN(A$)/2));A$
5350 ROW = ROW + 2
5360 FOR I=1 TO LPL
5370 PRINT LOCATE$;CHR$(ROW);CHR$(COL);
5380 Z=I*2-1:X$=MID$(PL$(RST),Z,2):X=VAL(X$)
5390 PRINT I;".   ";PARRS$(X);:INPUT PARRS(X)
5400 ROW = ROW + 1
5410 PAR$(I)=PARRS$(X):PAR(I,1)=PARRS(X)
5420 NEXT I:ROW=ROW+3
5430 AZ=LPL:WMIN=PAR(AZ,1):DU=1
5440 A$= " ******** I C H   R E C H N E ....... ********
5450 PRINT LOCATE$;CHR$(ROW+3);CHR$(69-INT(LEN(A$)/2));A$
5460 PRINT CUPOFF$
5470 '-----------
5480 ' Berechnung
5490 '-----------
5500 DATUM$=DATE$
5510 WI=0:ST=WMIN/2:KL=.43429:PI=3.141534:KDEG=180/PI:FLAGWD(DU)=0:FLAGWZ(DU)=0:
GRENZE=.00001:PAR(AZ+2,DU)=0
```

```
5520 FOR J=0 TO 4
5530 FOR W=10^J*WMIN TO 9.899999^(J+1)*WMIN STEP ST*10^J
5540 WI=WI+1:WW(WI,DU)=W:GOSUB 6010
5550 IF FLAGFO=0 THEN GOSUB 6830
5560 IF FLAGWD(DU)=1 THEN 5770
5570 IF FO(WI,DU) < GRENZE AND FO(WI,DU) > -GRENZE   THEN 5590
5580 GOTO 5610
5590 FLAGWD(DU)=1:PAR(AZ+1,DU)=W:PHID(DU)=PHI(WI,DU):PAR(AZ+3,DU)=PHI(WI,DU)+180
5600 GOTO 5770
5610 IF FO(WI,DU) > GRENZE THEN 5770
5620 GOTO 5660
5630 ' Zuweisung von wd und Phasenreserve
5640 PAR(AZ+1,DU)=W:PAR(AZ+3,DU)=PHI(WI,DU)+180:PHID(DU)=PHI(WI,DU):FLAGWD(DU)=1
5650 GOTO 5780
5660 ' Iteration für wd
5670 STP=ST*10^J:WT=W:WT1=W:ND=0
5680 WI=WI-1:STP=STP/10:ND=ND+1:IF ND=6 THEN 5640
5690 WT=WT1-10*STP
5700 WT=WT+STP
5710 WI=WI+1:WW(WI,DU)=WT:W=WT: GOSUB 6010:IF FO(WI,DU) > GRENZE THEN 5700
5720 IF FO(WI,DU) > -GRENZE THEN 5630
5730 WT1=WT: GOTO 5680
5740 GOTO 5700
5750 IF FLAGWD(DU)=0 THEN WT1=STARTW:GOTO 5680
5760 '
5770 IF FLAGWD(DU)=0 THEN 5950
5780 IF FLAGWZ(DU)=1 THEN 5950
5790 N1=0
5800 IF PHI(WI,DU) < -179.999 AND PAR(AZ+3,DU) > 0 THEN GOTO 5830
5810 GOTO 5950
5820 PAR(AZ+2,DU)=1/(10^(FO(WI,DU)/20)):FLAGWZ(DU)=1:GOTO 5950
5830 IF  PHI(WI,DU) > -180.001 THEN GOTO 5820
5840 ' Iteration für wz
5850 STP=ST*10^J:WT=W:WT1=W
5860 WI=WI-1:STP=STP/10:N1=N1+1:IF N1>5 THEN GOTO 5820
5870 WT=WT1-STP*10
5880 WT=WT+STP
5890 WI=WI+1:WW(WI,DU)=WT:W=WT:GOSUB 6010:IF PHI(WI,DU) > -179.999 THEN 5920
5900 IF PHI(WI,DU) > -180.001 THEN GOTO 5820
5910 WT1=WT:GOTO 5860
5920 GOTO 5880
5930 IF FLAGWZ(DU)=0 THEN WT1=STARTW: GOTO 5860
5940 '
5950 NEXT W:NEXT J
5960 '------------------
5970 ' RECHNUNG BEENDET
5980 '------------------
5990 WI(DU)=WI:GOTO 590   :REM START DES PLOT'S
6000 '----------------------------------
6010 ' Verteiler zu Regler-Strecke
6020 '----------------------------------
6030 ON RST GOSUB 6500,6120,6240,6570,6360,6180,6300,6630,6700,6440
6040 RETURN
6050 PRINT "Die eingegebenen Parameter bewirken eine unerlaubte math. Operation"
6060 PRINT "************* überprüfe die eingegebenen Werte !!  ****************"
6070 VERZ=6:GOSUB 1760:KORR=1:RESUME 2920
6080 GOTO 6050
6090 '------------------------------
6100 ' Formeln der Regler-Strecken
6110 '------------------------------
6120 '* * PD - PT1 * *
6130 VR=PAR(1,DU):VS=PAR(2,DU):T1=PAR(3,DU):TV=PAR(4,DU)
6140 VO=VR*VS
6150 GOSUB 6800
6160 FO(WI,DU)=20*LOG(VO*SQR((1+W^2*TV^2)/(1+W^2*T1^2)))*KL
```

```
6170 PHI(WI,DU)=(ATN(W*TV)-ATN(W*T1))*KDEG:RETURN
6180 '* * PI - PT1 - I * *
6190 VR=PAR(1,DU):VS=PAR(2,DU):TN=PAR(3,DU):T1=PAR(4,DU):TI=PAR(5,DU)
6200 VO=VR*VS
6210 GOSUB 6800
6220 FO(WI,DU)=20*LOG(VO/(W*TI)*SQR((1+1/(W^2*TN^2))/(1+W^2*T1^2)))*KL
6230 PHI(WI,DU)=(-ATN(1/(W*TN))-ATN(W*T1))*KDEG-90:RETURN
6240 '* * PD - PTt - I * *
6250 VR=PAR(1,DU):VS=PAR(2,DU):TV=PAR(3,DU):TI=PAR(4,DU):TT=PAR(5,DU)
6260 VO=VR*VS
6270 GOSUB 6800
6280 FO(WI,DU)=20*LOG(VO/(W*TI)*SQR(1+W^2*TV^2))*KL
6290 PHI(WI,DU)=(+ATN(W*TV)-W*TT)*KDEG-90:RETURN
6300 '* * PI - PT1 - PT1 - PT1 * *
6310 VR=PAR(1,DU):VST1=PAR(2,DU):VST2=PAR(3,DU):VST3=PAR(4,DU):TN=PAR(5,DU):T1=P
AR(6,DU):T2=PAR(7,DU):T3=PAR(8,DU)
6320 VO=VR*VST1*VST2*VST3
6330 GOSUB 6800
6340 FO(WI,DU)=20*LOG(VO*SQR((1+1/(W^2*TN^2))/((1+W^2*T1^2)*(1+W^2*T2^2)*(1+W^2*
T3^2))))*KL
6350 PHI(WI,DU)=(-ATN(1/(W*TN))-ATN(W*T1)-ATN(W*T2)-ATN(W*T3))*KDEG:RETURN
6360 '* * PD - PT2 - PTt * *
6370 VR=PAR(1,DU):VST2=PAR(2,DU):VSTT=PAR(3,DU):TV=PAR(4,DU):T2=PAR(5,DU):D9=PAR
(6,DU):TT=PAR(7,DU)
6380 VO=VR*VST2*VSTT
6390 GOSUB 6800
6400 FO(WI,DU)=20*LOG(VO*SQR((1+(W^2*TV^2))/((1-W^2*T2^2)^2+(4*D9^2*W^2*T2^2))))
*KL
6410 GOSUB 6770:PHI=-ATN((2*D9*W*T2)/PHIDIV)
6420 IF PHI > 0 THEN PHI=PHI-PI
6430 PHI(WI,DU)=(ATN(W*TV)+PHI-W*TT)*KDEG:RETURN
6440 '* * PID - PT1 - PTt * *
6450 VR=PAR(1,DU):VST1=PAR(2,DU):VSTT=PAR(3,DU):TN=PAR(4,DU):TV=PAR(5,DU):T1=PAR
(6,DU):TT=PAR(7,DU)
6460 VO=VR*VST1*VSTT
6470 GOSUB 6800
6480 FO(WI,DU)=20*LOG(VO*SQR((1+(W*TV-1/(W*TN))^2)/(1+W^2*T1^2)))*KL
6490 PHI(WI,DU)=(ATN(W*TV-1/(W*TN))-ATN(W*T1)-W*TT)*KDEG:RETURN
6500 '* * P - PT2 - PTt * *
6510 VR=PAR(1,DU):VST1=PAR(2,DU):VSTT=PAR(3,DU):T2=PAR(4,DU):TT=PAR(5,DU):D9=PAR
(6,DU)
6520 VO=VR*VST1*VSTT
6530 GOSUB 6800
6540 FO(WI,DU)=20*LOG(VO/SQR((1-W^2*T2^2)^2+4*D9^2*W^2*T2^2))*KL
6550 GOSUB 6770:PHI=-ATN((2*D9*W*T2)/PHIDIV):IF PHI>0 THEN PHI=PHI-PI
6560 PHI(WI,DU)=(PHI-(W*TT))*KDEG:RETURN
6570 '* * PD - PT1 - I^2 * *
6580 VR=PAR(1,DU):VST1=PAR(2,DU):TV=PAR(3,DU):T1=PAR(4,DU):TI=PAR(5,DU)
6590 VO=VR*VST1
6600 GOSUB 6800
6610 FO(WI,DU)=20*LOG(VO/(W^2*TI^2)*SQR((1+W^2*TV^2)/(1+W^2*T1^2)))*KL
6620 PHI(WI,DU)=(ATN(W*TV)-ATN(W*T1))*KDEG-180:RETURN
6630 '* * PI - PT1 - PT2 * *
6640 VR=PAR(1,DU):VST1=PAR(2,DU):VST2=PAR(3,DU):TN=PAR(4,DU):T1=PAR(5,DU):T2=PAR
(6,DU):D9=PAR(7,DU)
6650 VO=VR*VST1*VST2
6660 GOSUB 6800
6670 FO(WI,DU)=20*LOG(VO*SQR((1+1/(W^2*TN^2))/((1+W^2*T1^2)*((1-W^2*T2^2)^2+4*D9
^2*W^2*T2^2))))*KL
6680 GOSUB 6770:PHI=-ATN((2*D9*W*T2)/PHIDIV):IF PHI>0 THEN PHI=PHI-PI
6690 PHI(WI,DU)=(-ATN(1/(W*TN))-ATN(W*T1)+PHI)*KDEG:RETURN
6700 '* * PI - PT1 - PTt * *
6710 VR=PAR(1,DU):VST1=PAR(2,DU):VSTT=PAR(3,DU):TN=PAR(4,DU):T1=PAR(5,DU):TT=PAR
(6,DU)
6720 VO=VR*VST1*VSTT
```

```
6730 GOSUB 6800
6740 FO(WI,DU)=20*LOG(VO*SQR((1+1/(W^2*TN^2))/(1+W^2*T1^2)))*KL
6750 PHI(WI,DU)=(-ATN(1/(W*TN))-ATN(W*T1)-W*TT)*KDEG:RETURN
6760 '* * ÜBERWACHUNG DIV/NULL * *
6770 PHIDIV=1-W^2*T2^2:IF PHIDIV=0 THEN PHIDIV=9.99E-21
6780 RETURN
6790 '* * ÜBERWACHUNG VO < 1 * *
6800 IF VO=>1 THEN RETURN
6810 PRINT: VERZ=2.5
6820 PRINT "******************** Gesamtverstärkung <=  1 nicht sinnvoll ********
***********":GOSUB 1760:KORR=1:GOTO 2920
6830 '* * ÜBERWACHUNG FO(1,DU) * *
6840 FLAGFO=1
6850 PRINT:IF FO(1,DU) > 0 THEN RETURN
6860 PRINT " ********** Ein Weiterrechnen ist nicht möglich;  Fo <= 0 **********
*"
6870 VERZ=2.5:GOSUB 1760:KORR=1:GOTO 2920
6880 '---------------
6890 'Informationen
6900 '---------------
6910 PRINT CLRPP$:PRINT"Dieses Programm bietet die Möglichkeit, drei verschieden
e Kurven darzustellen."
6920 PRINT"Nach jedem Durchgang können Sie die Parameter verändern."
6930 PRINT"Bei der Parameter-Eingabe ist auch die Frequenz w min zu berücksichti
gen,bei    der die logarithmisch aufgetragene Abszis
se beginnt.
6940 PRINT"Dabei ist zweckmäßig w min= 0.1*1/Tmin zu wählen.
            Tmin ist die kleinste Zeitkonstante der e
ingegebenen Parameter.
6950 PRINT:PRINT"Es ist darauf zu achten, daß beim Einsatz eines PID - Reglers d
ie Bedingung     Tn >> Tv erfüllt sein muß !!
6960 PRINT:PRINT"Die Genauigkeit der berechneten Ergebnisse beträgt 0.01% !!
6970 PRINT
6980 PRINT"Zur Dokumentation kann über den angeschlossenen Drucker/Plotter ein K
urvenplott erstellt werden."
6990 PRINT"Das Programm kann nicht unterbrochen oder ausgelistet werden."
7000 PRINT"Sollte das Programm 'AUSSTEIGEN', drücke die RESET-Taste und starte w
iederum mit BODE ."
7010 GOSUB 7090: PRINT CLRPP$
7020 PRINT:PRINT"Drucker bzw. Plotter Anschluß : "
7030 PRINT:PRINT
7040 PRINT"        :::::::::::::        :::::::::::::          ================
"
7050 PRINT"        Sirius Drucker       HP Plotter             Epson Drucker"
7060 PRINT:PRINT:PRINT"Es ist wahlweise der Sirius bzw. der Epson - Drucker anzu
schließen."
7070 GOSUB 7090
7080 GOTO 790
7090 PRINT:PRINT "Zum weitermachen drücke eine beliebige Taste."
7100 TASTE$=INKEY$
7110 IF TASTE$="" THEN 7100
7120 RETURN
7130 STOP
7140 '---------------
7150 ' PLOTTER BEFEHLE
7160 '---------------
7170 CALL TTY
7180 PRINT"Plotter einschalten und A4 Papier einlegen !! "
7190 PRINT"Zum Start drücke eine beliebige Taste !";
7200 TASTE$= INKEY$:IF TASTE$="" THEN 7200 ELSE FORMAT$="4"
7210 XPLMAX%=11040 :YPLMAX%=7721 : MAPL=XPLMAX%/274.6 : MMXPL=274.6 : MMYPL=192.
1
7220 LPRINT "IN;"         :' Plotter initialisieren
7230 LPRINT "CS33;"       :' Zeichensatz Deutsch
7240 FORMAT%=INT(VAL(FORMAT$))
```

```
7250 LPRINT "PS",FORMAT%;
7260 LPRINT "VS80;"       :' Reduzierung von v-Plott auf ca. 2/3 v-max
7270 GOSUB 7450
7280 '-------
7290 ' RAHMEN
7300 '-------
7310 LPRINT "SP1;PU0,700;PD;"
7320 LPRINT "PA0",YPLMAX%,",",XPLMAX%,",",YPLMAX%,",",XPLMAX%,"700,0,700;PU;"
7330 '-------------
7340 ' ÜBERSCHRIFT
7350 '-------------
7360 Y=0:X=-35
7370 GOSUB 7750:CHRTYP$="BESCHR":GOSUB 7660:A$=DATUM$:GOSUB 7610
7380 LPRINT "PU9000,1200;"
7390 LPRINT "PD;"
7400 LPRINT "DI-1,0;SI.5,.8;SL0.268;"
7410 LPRINT "LBBODE-DIAGRAMM",CHR$(3),"PU;"
7420 CHRTYP$="BESCHR":GOSUB 7660
7430 LPRINT "PU10000,1500;PD;"
7440 LPRINT "LB",UT$,CHR$(3),"PU;"
7450 PLF=12     : ' PLOTTFAKTOR =12
7460 YVER=1000 : ' Y VERSCHIEBUNG
7470 RETURN
7480 ' -------------------------
7490 ' LINIENTYPE UND LINIENSTÄRKE
7500 ' -------------------------
7510 IF LINEW=1 THEN LPRINT "SP2;"
7520 IF LINEW=2 THEN LPRINT "SP1;"
7530 REM IF LINEW=3 THEN LPRINT "SP3;"
7540 REM IF LINEW=4 THEN LPRINT "SP4;"
7550 ' -------------------------
7560 IF LINET=1 THEN LPRINT "LT;"
7570 IF LINET=2 THEN LPRINT "LT3;"
7580 IF LINET=3 THEN LPRINT "LT6;"
7590 RETURN
7600 '-------------
7610 ' PLOT SCHRIFT
7620 '-------------
7630 LPRINT "LB"A$;CHR$(3)
7640 RETURN
7650 '-------------
7660 ' SCHRIFTARTEN
7670 '-------------
7680 IF CHRTYP$="normal" THEN LPRINT "DI-1,0;CS33;SL0;SI.3,.5;SP2;"
7690 IF CHRTYP$="med"    THEN LPRINT "DI-1,0;CS33;SL.267941;SI.25,.33;SP2;"
7700 IF CHRTYP$="small"  THEN LPRINT "DI-1,0;CS33;SL.267941;SI.12,.25;SP2;"
7710 IF CHRTYP$="smprop" THEN LPRINT "DI-1,0;CS33;SL.267941;SI.12,.24;SP2;"
7720 IF CHRTYP$="BESCHR" THEN LPRINT "DI-1,0;CS33;SL.268;SI.17,.28;SP1;"
7730 RETURN
7740 ' -------------------------
7750 ' STIFT POSITIONIERUNG IN X UND Y
7760 ' -------------------------
7770 X%=(850-X)*PLF:Y%=YVER+Y*PLF*1.5:LPRINT "PU",X%,",",Y%,";"
7780 RETURN
7790 ' -------------------------
7800 ' PLOTTET RELATIV IN X UND Y
7810 ' -------------------------
7820 X%=-X*PLF:Y%=Y*PLF*1.5:LPRINT "PD;PR",X%,",",Y%,";"
7830 RETURN
7840 ' -------------------------
7850 ' PLOTTET ABSOLUT IN X UND Y
7860 ' -------------------------
7870 X%=(850-X)*PLF:Y%=YVER+Y*PLF*1.5:LPRINT "PD;PA",X%,",",Y%,";"
7880 RETURN
```

7 Programm-Beschreibung „BODE 4"

Der Rechner-Dialog verläuft nach dem in B i l d 13 dargestellten Flußdiagramm.

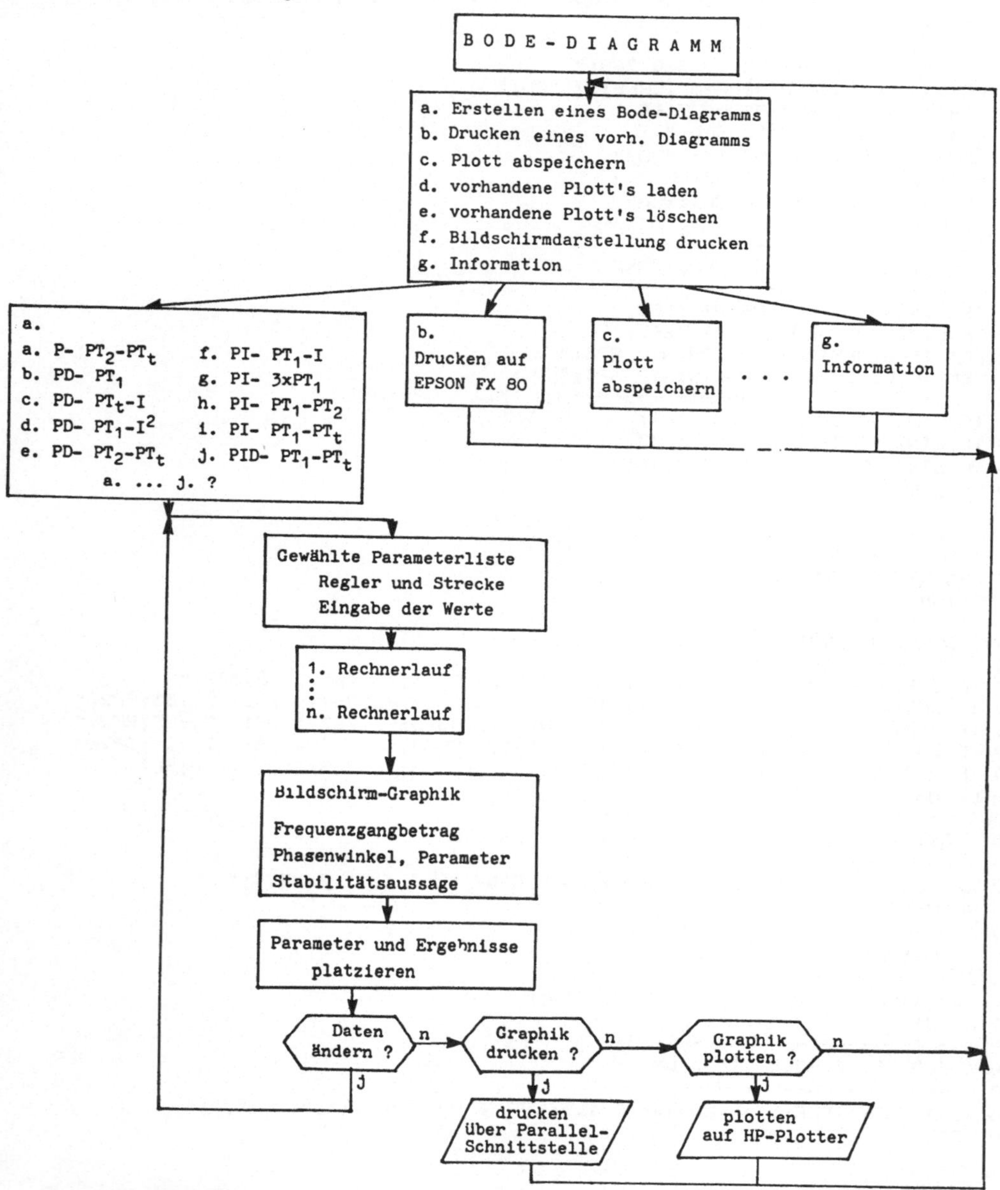

<u>Bild 13</u> Flußdiagramm für das "Bode"-Programm

Nach dem Systemstart und Aufrufen des Namens "BODE" erscheint auf dem Bildschirm das erste "Menü" (B i l d   14). Tippt man beispielsweise "a" ein, kommt die Liste der möglichen Paarungen aus Regler und Strecke (B i l d   15).

Wie schon beim Nyquist-Programm kann auch hier die Anzahl der Regelkreis-Varianten durch geschickte Parameter-Wahl erheblich vergrößert werden.

Die Parameter werden (bei beiden Programmen) auf dem Bildschirm in einer Breite von fünf Stellen vor und drei Stellen hinter dem Komma dargestellt. Berücksichtigt man die Exponent-Schreibweise und die maximale Zahlenauflösung des Rechners, lassen sich Zeitkonstanten von 1 ms bis 10^{38} s eingeben.

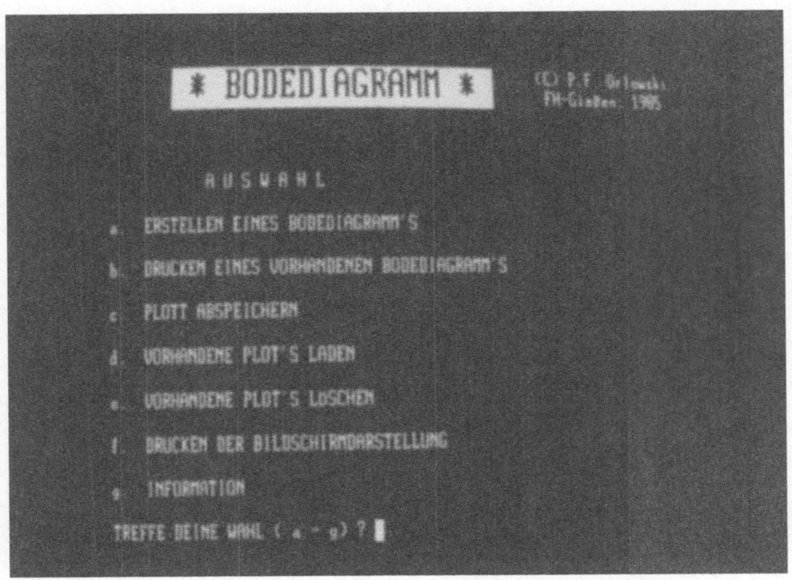

<u>Bild 14</u> Erstes "Menü" des "Bode"-Programms

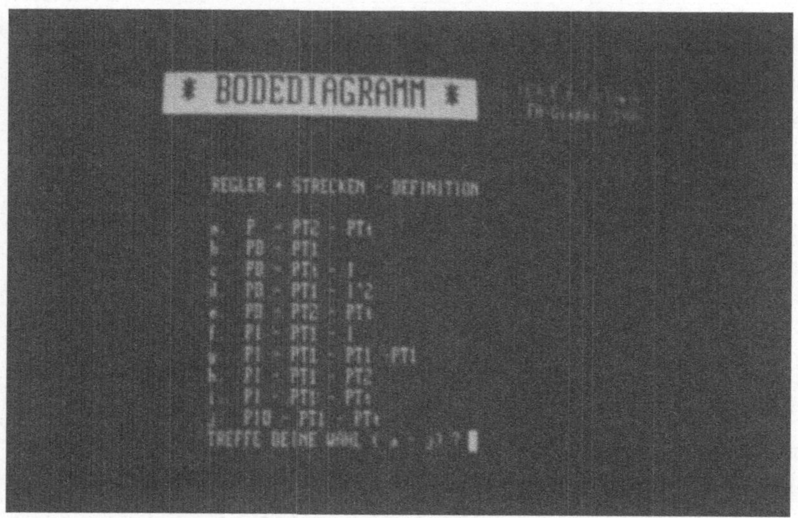

Bild 15 Liste der Paarungen aus Regler und Strecke beim
"Bode"-Programm

8 Beispiele

8.1 Drehzahlregelung

In B i l d 16 ist eine einfache Drehzahlregelung für einen
fremderregten Gleichstrommotor gezeigt. Die Ansteuerung des
Motors erfolgt mit einer vollgesteuerten Drehstrombrückenschal-
tung. Zur Vermeidung von Überschwingungen auf der Signalleitung
des Drehzahlistwertes n_i ist ein Tiefpaß in die Rückführung
eingebaut. Dieser hat PT_1-Verhalten. Drehzahländerungen des
Motors haben PT_1-Verhalten.

Das Totzeitverhalten des Stromrichters wird hier ebenfalls als
PT_1-Glied dargestellt. Diese Näherung ist zulässig, wenn
$\omega_D \cdot T_t \ll 1$ ist. Bei Verwendung eines PI-Reglers erhält man so

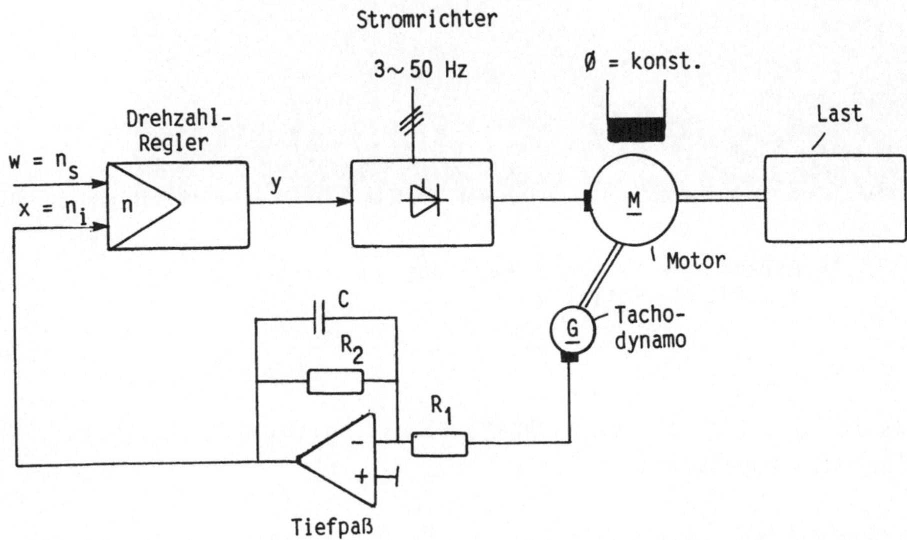

<u>Bild 16</u> Wirkschaltplan der Drehzahl-Regelung eines Gleichstrom-
motors mit Stromrichter

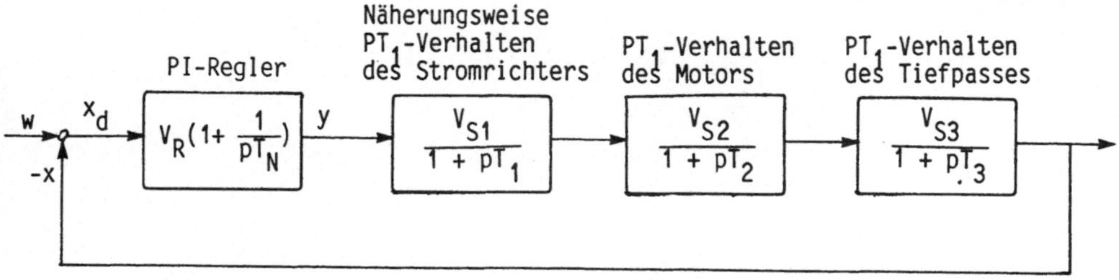

__Bild 17__ Blockschaltbild der Drehzahl-Regelung

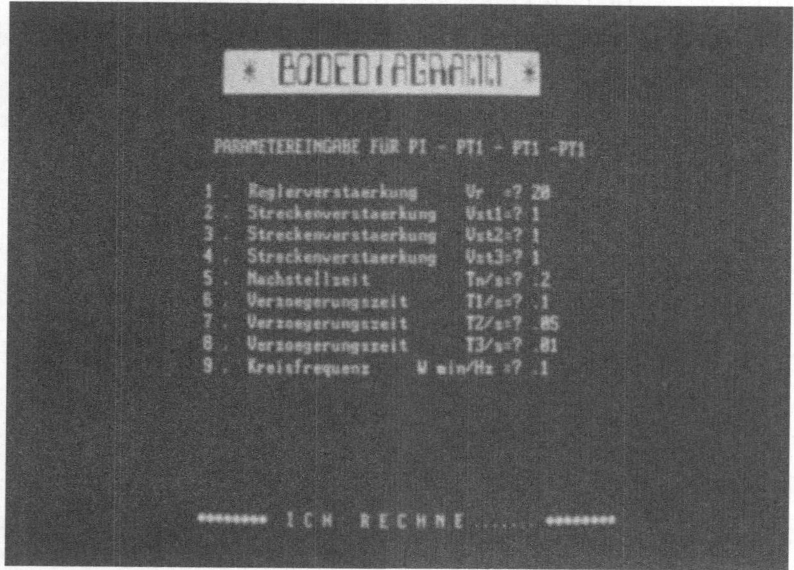

__Bild 18__ Parameter-Liste der Regelung aus PI-Regler und
PT_1-PT_1-PT_1-Strecke

das in B i l d 17 gezeichnete Blockschaltbild des zu opti-
mierenden Regelkreises.

Nach Aufrufen der Parameter-Liste (B i l d 18) und Eingabe der
Werte beginnt der erste Rechnerlauf. Das Ergebnis ist eine instabile Regelung mit einer Phasenreserve von $\alpha_R = < 0^O$

(B i l d 19, durchgezogene Linie). Ein Zurücknehmen der Reglerverstärkung reicht meist aus (hier auf V_r = 5), da die Verstärkung keinen Einfluß auf den Phasenwinkel φ_0 hat.

Es ergibt sich im zweiten Rechnerlauf eine stabile Regelung mit einer Phasenreserve von α_R = 30,8° und einer Amplitudenreserve von A_R = 3,3. Die Durchtrittsfrequenz beträgt ω_D = 27,2 Hz (gestrichelte Linie).

Nach jedem Rechnerlauf steht am unteren Bildschirmrand die Frage nach der Plazierung der Parameter- und Ergebnis-Liste (1≙Liste oben rechts; 2≙Liste Mitte links). Damit soll vermie-

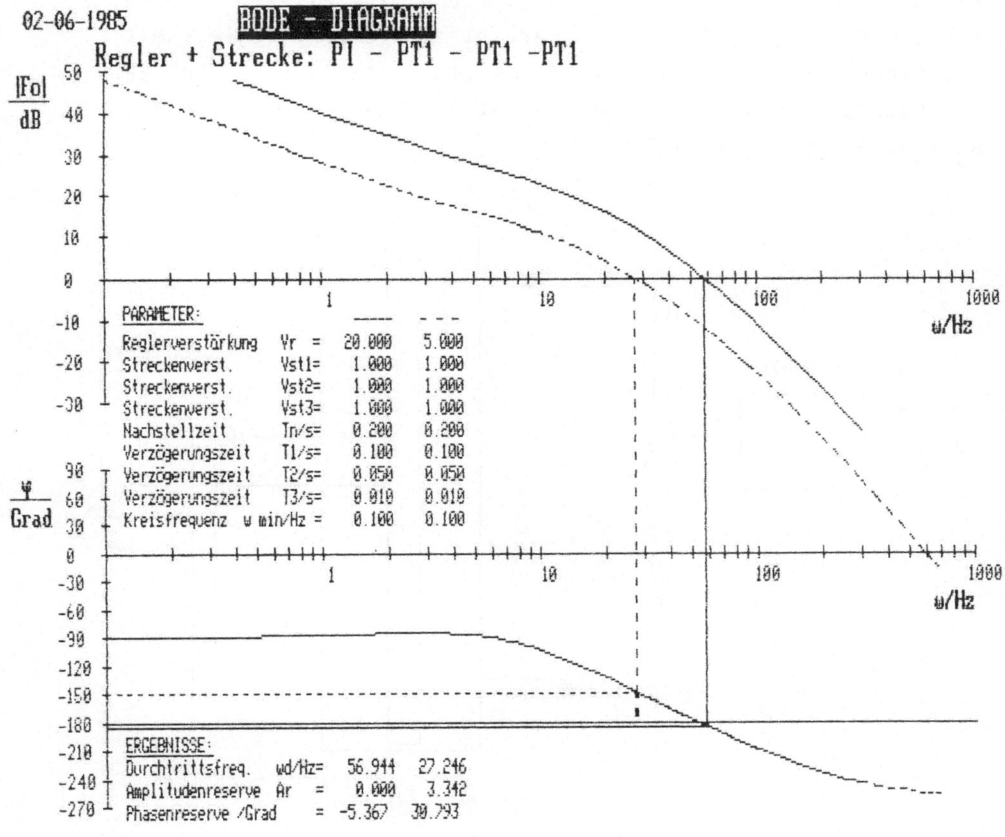

Bild 19 Graphik für zwei Rechnerläufe mit PI-Regler und PT_1-PT_1-PT_1-Strecke auf dem EPSON-Drucker FX 80

den werden, daß Kurven und Listen einander schneiden und die
Graphik unleserlich wird.

8.2 Scheibenbremse

Im folgenden Beispiel soll der Druck einer Scheibenbremse geregelt werden (B i l d 20). Dabei sei das Zeitverhalten des
Ventils vernachlässigbar. Die Meßwerterfassung des Druckist-
wertes p_i sei totzeitbehaftet. Der Druckaufbau im Bremszylinder
hat PT_1-Verhalten. Es ist nun zu untersuchen, ob sich ein PD-
oder ein PI-Regler für diese Regelstrecke besser eignet
(B i l d 21).

Drückt man im ersten "Menü" "a" und dann "j", erscheint die
Parameter-Liste für einen PID-Regler und eine PT_1-PT_t-Strecke.
Wählt man T_V = 0 und T_N = 1 s, ergibt sich der PI-Regler. Mit
den eingegebenen Werten wird die Regelung stabil (B i l d 22,
durchgezogene Linie). Die Stabilitätsaussage ist α_R = 78,2°,
A_R = 5,99 und ω_D = 13,9 Hz.

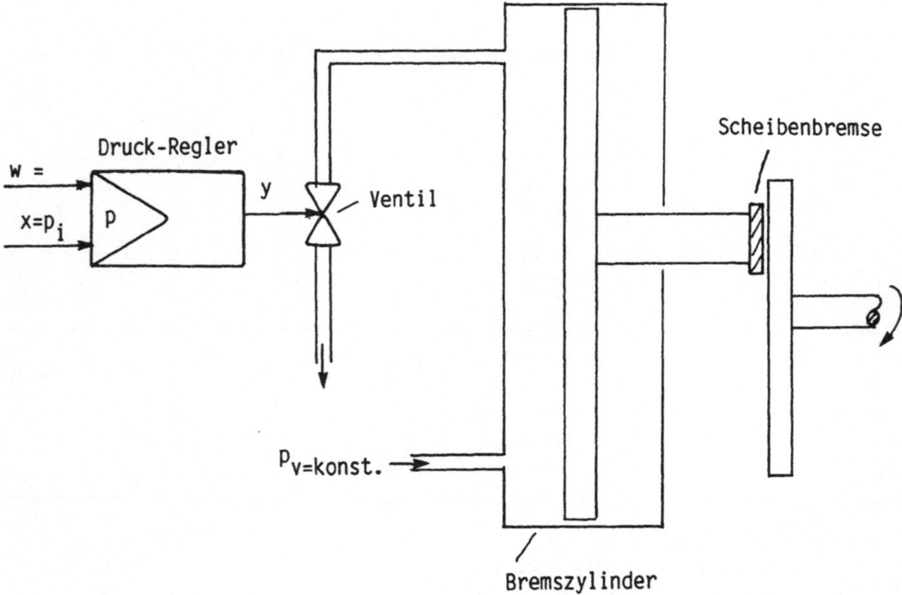

<u>Bild 20</u> Wirkschaltplan einer Bremsdruckregelung für eine
Scheibenbremse

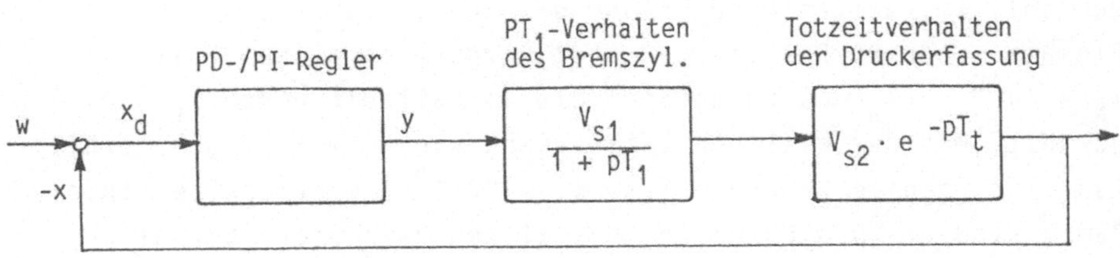

Bild 21 Blockschaltbild der Druck-Regelung

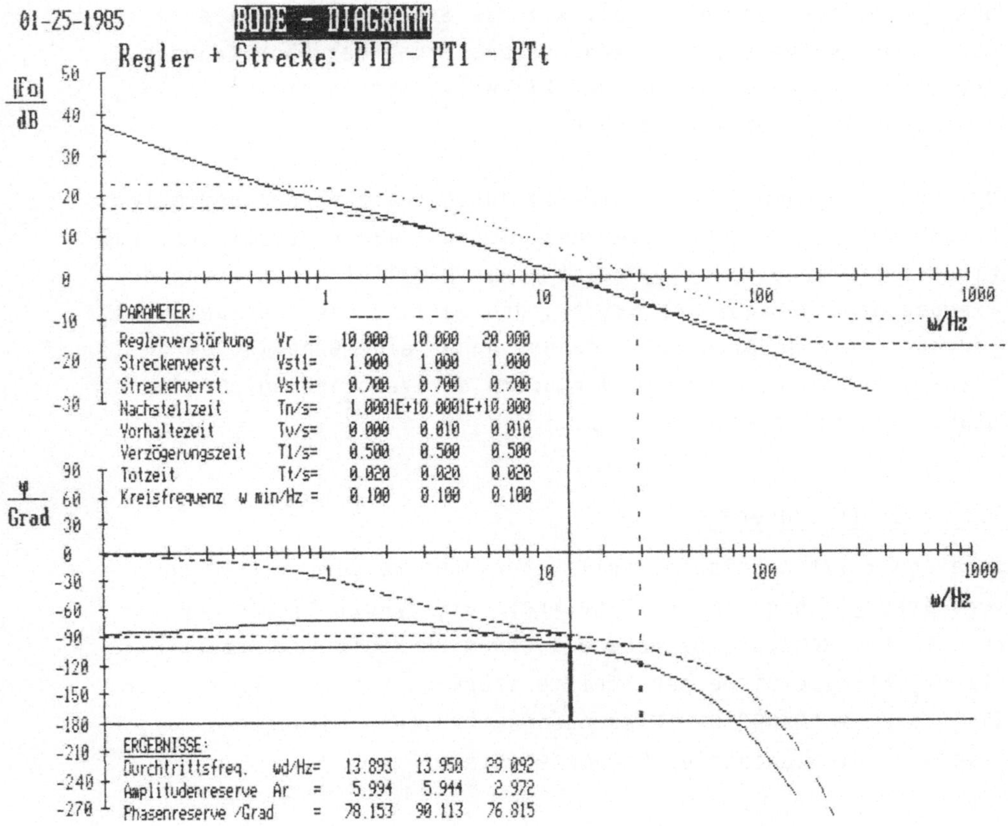

Bild 22 Graphik für drei Rechnerläufe mit PI-/PD-Regler und PT₁-PTₜ-Strecke auf dem EPSON-Drucker FX 80

Nun soll im zweiten Rechnerlauf das Übertragungsverhalten bei
Einsatz eines PD-Reglers getestet werden. In diesem Fall ist
$T_N = 10^{10}$ s ($T_N \to \infty$) zu setzen; die Vorhaltzeit wurde $T_V = 0,01$ s
gewählt. Mit der gleichen Verstärkung wie beim PI-Regler erhält
man eine stabile Regelung mit $\alpha_R = 90,1^o$ (gestrichelte Linie).
Damit sind PI- und PD-Regler bei diesen Parametern bezüglich
der Stabilitätsaussage praktisch gleichwertig.

Da die Regelstrecke jedoch keinen I-Anteil enthält, ist bei
Verwendung eines PD-Reglers mit einer bleibenden Regelabwei-
chung zu rechnen. Diese nimmt bekanntlich ab, wenn man die Re-
gelkreisverstärkung vergrößert. Dies ist im dritten Rechnerlauf
geschehen (punktierte Linie). Wie die Stabilitätsaussage zeigt,
ist jedoch keine entscheidende Verbesserung des Übertragungsverhaltens herausgekommen. Der PI-Regler ist in diesem Falle
also dem PD-Regler vorzuziehen.

Das Bode-Diagramm ist für eine Vorausabschätzung der optimalen
Parameter besonders gut geeignet. So kann man herausfinden, daß
eine Verstärkungsänderung quasi einer Parallelverschiebung des
Frequenzgangbetrages entspricht, den Verlauf des Phasenwinkels
jedoch nicht beeinflußt. Es genügt daher eine Graphik, um zu
zeigen, welche Wirkung ein Verändern der Verstärkung auf die
Stabilität einer Regelung hat.

8.3 Stabilitätsgrenze

In einem letzten Beispiel soll untersucht werden, bei welcher
Verstärkung ein gegebener Regelkreis die Stabilitätsgrenze er-
reicht. Die Regelung bestehe aus einem PD-Regler und einer
PT_2-PT_t-Strecke mit einer Kreisverstärkung von $V_0 = V_R \cdot V_S = 15$.
Wählt man im "Menü" der Paarungen aus Regler und Strecke "e",
erscheint die zugehörige Parameter-Liste.

Mit den eingelesenen Werten ergibt sich im ersten Rechnerlauf
eine stabile Regelung ($\alpha_R = 63,9^o$; $\omega_D = 7,3$ Hz; $A_R = 2,7$ -
durchgezogene Linie B i l d 23). Da die Amplitudenreserve ein
Maß für den Verstärkungs-Abstand bis zum Erreichen der Stabilitätsgrenze ist, läßt sich mit ihr die sogenannte kritische Ver-

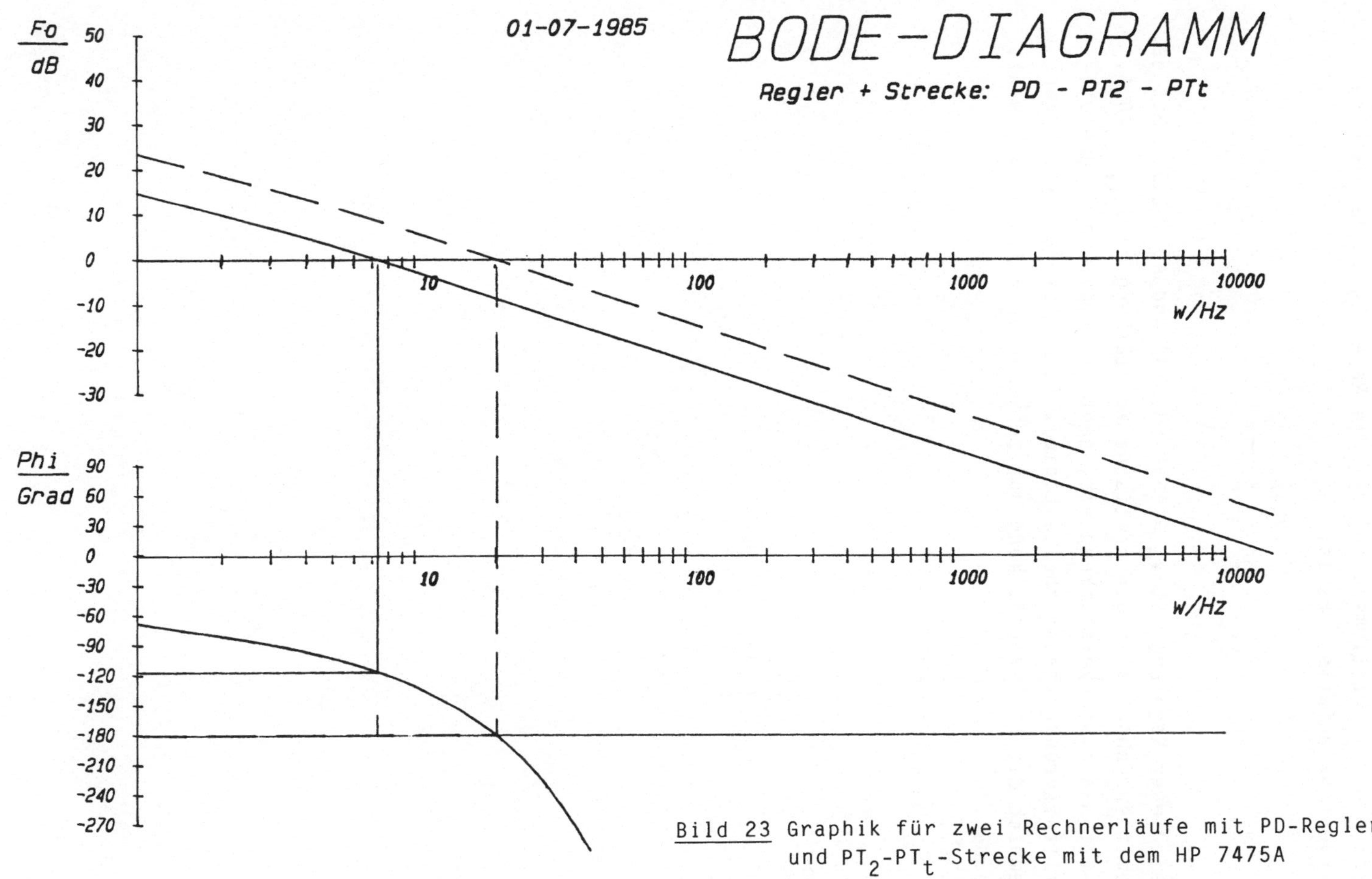

Bild 23 Graphik für zwei Rechnerläufe mit PD-Regler und PT_2-PT_t-Strecke mit dem HP 7475A

stärkung V_{0kr} bestimmen, bei der die Regelung keine Phasenreserve mehr aufweist. Es ist

$$V_{0kr} = V_{Rkr} \cdot V_{Skr} = 10^{-\frac{(V_0 + A_R)/dB}{20}} \tag{10}$$

Bei dieser Regelung ist $V_0 = 15 \,\hat{=}\, 23,5$ dB und $A_R = 2,7 \,\hat{=}\, 8,6$ dB. Damit errechnet sich die kritische Verstärkung zu $V_{0kr} = 40,6$. Setzt man diese Verstärkung ein, geht die Regelung an die Stabilitätsgrenze (gestrichelte Linie). In diesem Regelkreis kann demnach die Kreisverstärkung nur zwischen $V_0 = 1...40,6$ gewählt werden.

9 Zusammenfassung

Die in diesem Beitrag gezeigten BASIC-Programme nach dem vereinfachten Nyquist-Kriterium eignen sich nicht nur zur Darstellung des Übertragungsverhaltens einer Regelung, sondern sie sind in erster Linie eine Hilfe bei der Regelkreis-Optimierung einschleifiger, linearer Regelungen.

Durch die gleichzeitige Graphik von drei Rechnerläufen lassen sich sehr anschaulich Parameter-Einflüsse der Verstärkung, der Nachstellzeit usw. aufzeigen.

Besonderer Wert wurde darauf gelegt, die Programm-Handhabung von unnötigem Programmier-Ballast zu befreien und eine hochauflösende Graphik zu erzeugen. Dies ist sicher gelungen.

Außerdem wird die Regelkreis-Optimierung durch das Anlegen von Dateien bereits getesteter Regelungen erheblich erleichtert. Der Zuschnitt der Parallel-Schnittstelle auf den häufig eingesetzten EPSON-Drucker FX 80 und der Seriell-Schnittstelle auf den ebenfalls oft verwendeten Plotter HP 7475A soll einen Eingriff in das Programm bei möglichst vielen Anwenders vermeiden helfen.

Dem Benutzer wird bei Bedarf eine Diskette mit beiden Programmen für Sirius-Rechner zur Verfügung gestellt. Darauf sind alle Graphik-Routinen des Bildschirms und der Peripherie-Geräte für den automatischen Ablauf der Programme enthalten /5/.

Das Haupteinsatzgebiet dieser rechnergestützten Regelkreis-Optimierung dürfte im schulischen Bereich liegen.

Literaturverzeichnis

[1] F r e i b i c h l e r, H.: Computerunterstützter Unter-
    richt. Hannover: Schrödel 1974

[2] W i e g e l e, B.: Rechnerunterstützte Ausbildung. Ein
    Konzept zum Lehren und Lernen des Problemlösens in der Re-
    gelungstechnik. TU München: Dissertation 1980

[3] T r ö s t e r, R.: Computerunterstützter Unterricht mit
    Simulationsprogramm aus der Regelungstechnik.
    Angewandte Informatik 7, 1976, S. 290 - 296

[4] U n b e h a u e n, H.: Regelungstechnik I. Braunschweig:
    Vieweg 1982

[5] O r l o w s k i, P.: BASIC-Programme zur Stabilitätsunter-
    suchung technischer Regelkreise nach Nyquist (auf einer
    Diskette). Fachhochschule Gießen, Fachbereich MF, 1985

[6] H ö f l e r, A.B.: RASP-G, ein FORTRAN-Programmpaket zur
    graphischen Systemdarstellung. Lehrstuhl für Meß- und Re-
    gelungstechnik, Ruhr-Universität Bochum 1977

[7] V o l z, R.A.: COINGRAD - Control Oriented Interactive
    Graphical Analyses and Design. IEEE Transactions on
    Education, Vol. E-17, No. 3 (1974), S. 143 - 152

Simulation von Fahrkurven mit Rechner

von Peter F. Orloswki

1 Einleitung

Besonders bei der Automatisierung von Förderanlagen, Traktions-
antrieben und Walzwerken ist die hochgenaue und ruckfreie Vor-
gabe der Geschwindigkeits- bzw. Drehzahlsollwerte von großer
Bedeutung. Es kommt darauf an, ein sanftes Anfahren und Be-
schleunigen der Antriebe in einer vorgegebenen Zeit sowie einen
definierten Bremsvorgang zu ermöglichen.

Die Sollwertvorgabe darf in der Antriebstechnik nicht sprung-
haft erfolgen, weil es sonst zu unerwünschten Momentstößen und
Schwingungsvorgängen kommt.

Fahrkurven mit Sprüngen oder Knickpunkten (Unstetigkeitsstellen)
können beim Walzen von Blechen zum Abreißen des Blechbandes und
bei Förderkörben zum Schwingen des Korbes um seine Endlage führen. Es wird daher eine Fahrkurve als Sollwert vorgegeben, die
mit einer Parabel beginnt und in eine Gerade übergeht, um dann
kurz vor Erreichen des Endwertes in eine Parabel mit negativer
Steigung überzugehen (B i l d 1). Die Ableitung dieser Kurve
kann gleichzeitig als Maß für die Beschleunigung der Antriebe
benutzt werden /1/, /2/.

Es soll nun auf dem Sirius-Rechner untersucht werden, wie genau
eine Fahrkurve nachgebildet werden kann. Die Zeit von einem zum
anderen errechneten Inkrement der Fahrkurve darf nicht groß
sein. Es kommt also auf eine möglichst kurze Rechenzeit des
Programms an.

Bei hochautomatisierten Anlagen wird der Verlauf der Fahrkurve
durch verschiedene Steuerbefehle verändert. In B i l d 2
sind einige mögliche Kurven-Varianten dargestellt.

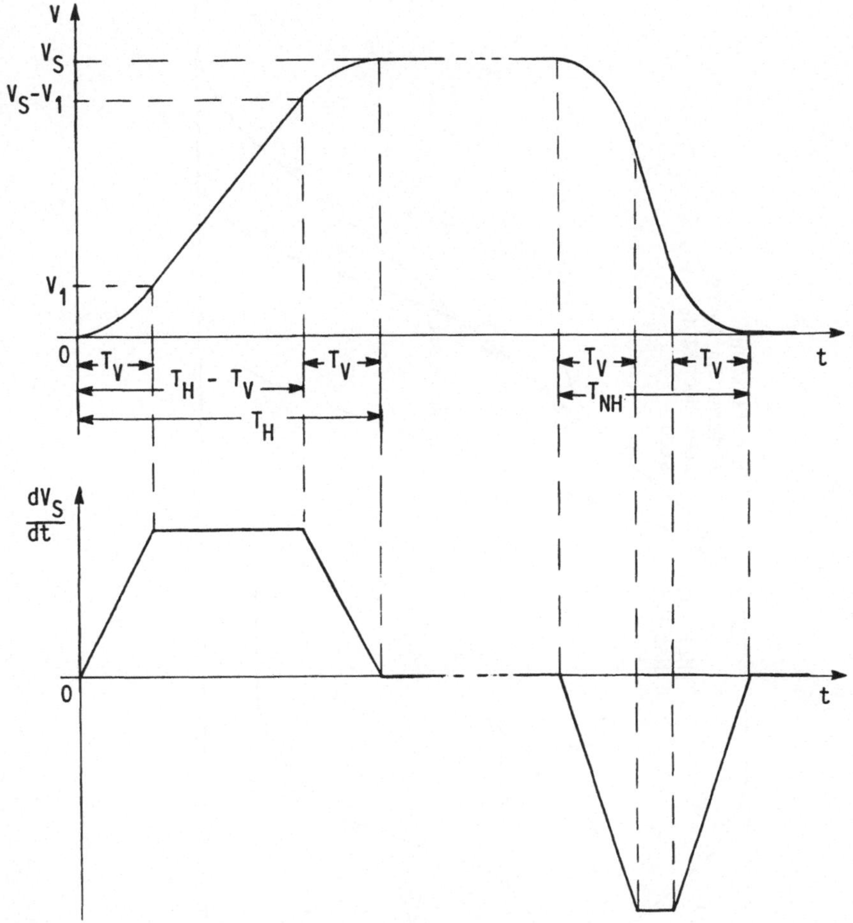

__Bild 1__ Prinzip einer Fahrkurve und ihrer zeitlichen Ableitung

Werden HALT-Befehle gegeben, muß die Fahrkurve aus jedem beliebigen Kurvenpunkt in definierter Zeit auf Null zurückgeführt
werden. Bei HOCHLAUF-STOP, ein den Hochlauf unterbrechender Befehl, erfolgt der sofortige Übergang in die Parabel mit negativer Steigung, bis die zeitliche Ableitung der Fahrkurve Null
ist.

Zusätzliche Parameter der Fahrkurve sind die bei Hochlauf, Halt
und Not-Halt verschieden langen Verschliffszeiten T_V (Dauer des
Parabelverlaufes). Sie werden meist durch eine Rechner-Simula-
tion der Anlagen- Dynamik ermittelt.

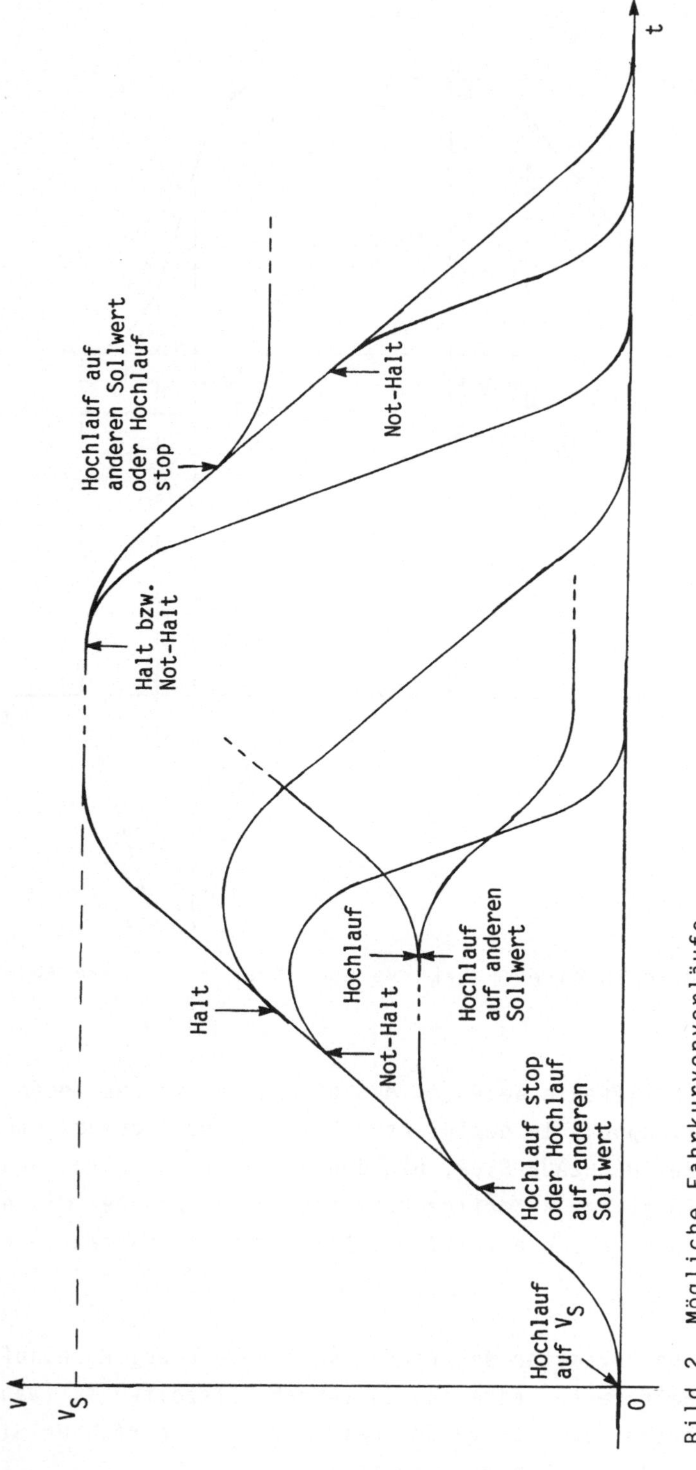

Bild 2   Mögliche Fahrkurvenverläufe

2 Aufgabenstellung

An eine Fahrkurve für hochgenaue Steuerungen und Regelungen mit
großem Fahrkomfort werden folgende Anforderungen gestellt:

- Die Fahrkurve hat keine merklichen Sprungstellen
- Die Wiederholgenauigkeit der nachgebildeten Kurven ist groß
- Die Rechenzeit von einem zum nächsten Kurven-Inkrement
  ist <10 ms
- Es können verschiedene Hochlauf- und Bremszeiten realisiert
  werden
- Es können unterschiedliche Verschliffszeiten realisiert wer-
  den
- Darstellung der Fahrkurve als Rechner-Graphik
- Zeitsynchrone Ausgabe der Rechenwerte auf einen D/A-Wandler
- Die Auflösung der Rechenwerte soll 16 bit betragen

Aufgabe des Rechen-Programms muß es also sein, diese Forderungen weitgehend zu erfüllen.

Die normalerweise auf einen Prozeßrechner oder Mikrocomputer
wirkenden externen Steuerbefehle (HALT, NOT-HALT usw.) werden
hier über die Tastatur des Sirius-Rechners vorgegeben.
Die Programmier-Sprache ist BASIC 86.

3 Mathematik einer Fahrkurve

Ein digitaler Fahrkurvenrechner basiert auf der stückweise ein-
fachen und stückweise doppelten Integration einer Konstanten.
Auf diese Weise lassen sich Geradenzüge und Parabelteile nach-
bilden.

Aus den Gleichungen für Geschwindigkeit und Beschleunigung

$$v = ds/dt \qquad a = dv/dt = d^2s/dt^2 \qquad\qquad (1)$$

erhält man die Formeln für die Algorithmen der Fahrkurve
und ihrer zeitlichen Ableitung.
Es gilt für $0<t<T_V$:

$$da/dt = konst. = C_1$$

Dann ist die Beschleunigung

$$a = C_1 \cdot t + C_2$$

Da für $t = 0$ die Anfangsbedingung gilt:

$$da/dt = 0 \qquad a = 0 \qquad und \qquad v = 0 \qquad\qquad (2)$$

ist die Konstante C_2 ebenfalls Null, so daß

$$a = C_1 \cdot t \qquad mit\ 0<t<T_V \qquad\qquad (3)$$

Für die Geschwindigkeit ergibt sich dann im Zeitbereich
von $0 - T_V$ mit Gleichung (1) und (2)

$$v = C_1 \cdot t^2/2 \qquad\qquad (4)$$

Im Bereich von $T_V < t < T_H - T_V$ ist

$$a = C_1 \cdot T_V = \text{konst.} = C_3$$

und $v = C_3 \cdot (t - T_V) + v_1$ (5)

Darin ist v_1 der bis zur Zeit T_V erreichte Fahrkurvenwert.

Im Bereich von $T_H - T_V < t < T_H$ ist

$$a = C_3 - C_1 \cdot (t - (T_H - T_V))$$

und $v = v_S - C_1/2 \cdot (T_H - t)^2$ (6)

Damit liegen die Gleichungen zur Simulation der Fahrkurve fest.

4 Programm-Beschreibung

Die Simulation der Fahrkurve (hier für die Geschwindigkeits-Sollwertvorgabe gezeigt) besteht entsprechend den gefundenen Gleichungen aus einzelnen Teil-Algorithmen, die für das Hochlaufen der Bremsen unterschiedlich sind.

Nach dem Systemstart und Aufrufen des Namens "FAHRKURVENSIMULA-TION" beginnt der Programm-Ablauf mit dem Einlesen der Parameter (B i l d 3).

Hochlaufzeit	T_H	in ms
Bremszeit	T_{Br}	in ms
Not-Halt-Zeit	T_{NH}	in ms
Maximal-Sollwert v als 4dekadige Zahl		

Danach erfolgt die Berechnung der Konstanten C_1, C_3 und v_1.

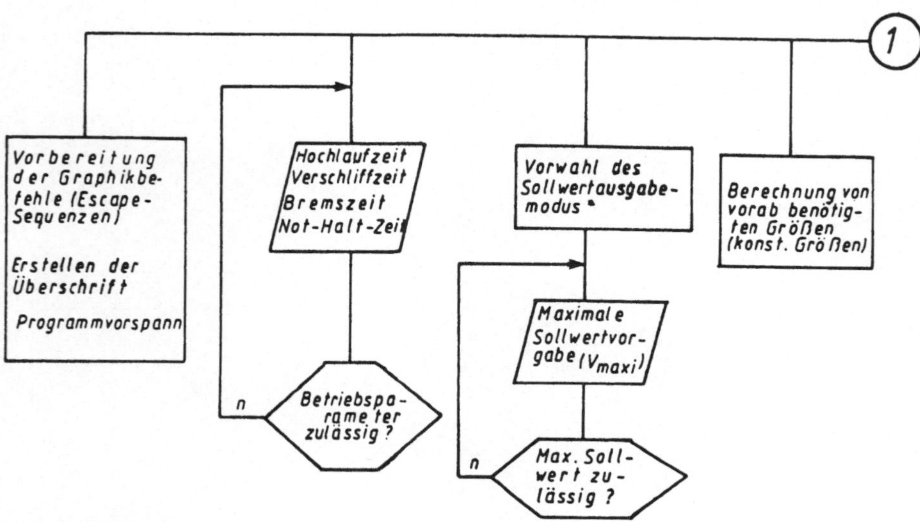

Bild 3 Flußdiagramm für das Einlesen der Parameter

In den folgenden Flußdiagrammen (B i l d 4 bis B i l d 10)
sind alle Teil-Algorithmen und ihr zugehöriger Kurvenverlauf
für das Fahren und Bremsen veranschaulicht.

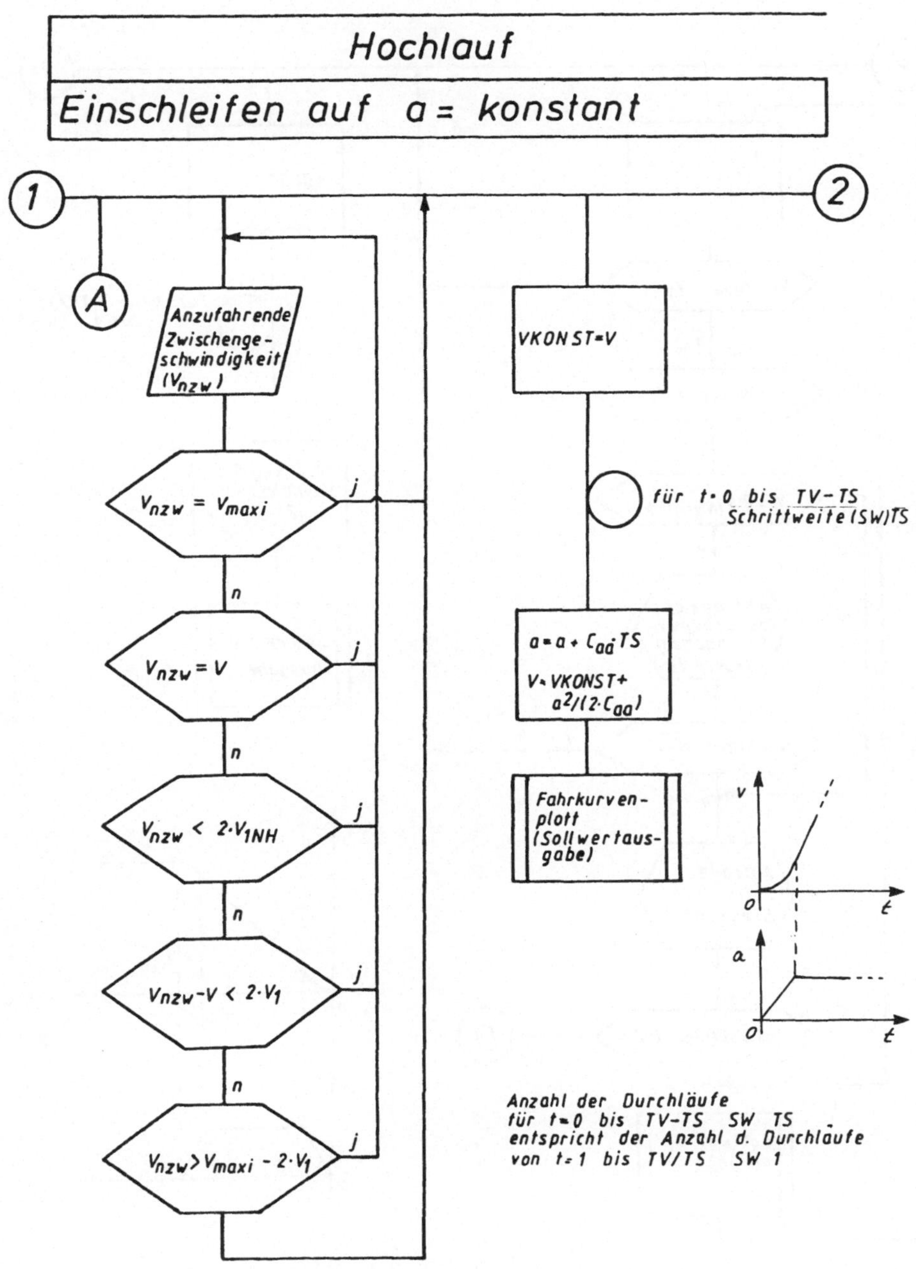

<u>Bild 4</u>   Flußdiagramm für den Hochlauf bis a = konst.

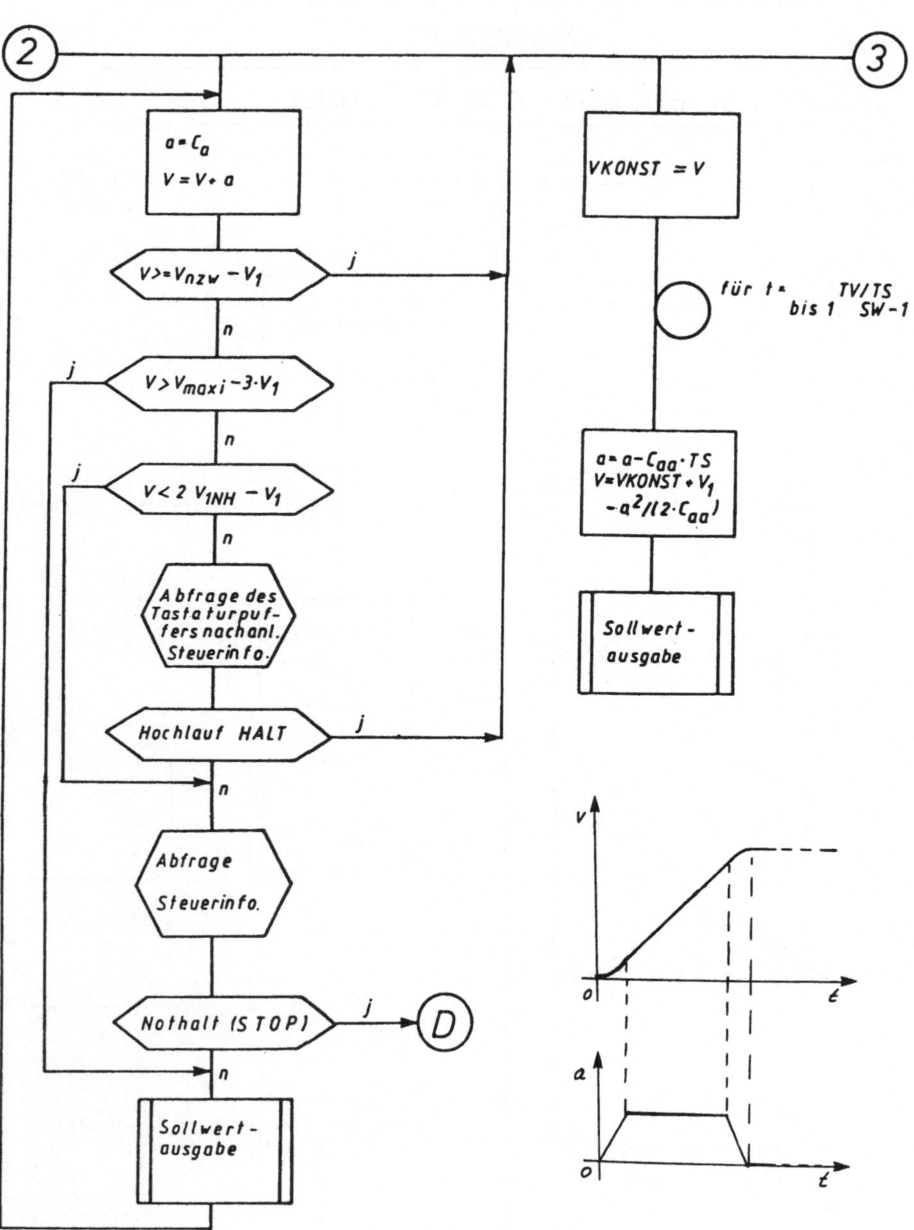

Bild 5   Flußdiagramm für den Hochlauf bis v = konst.

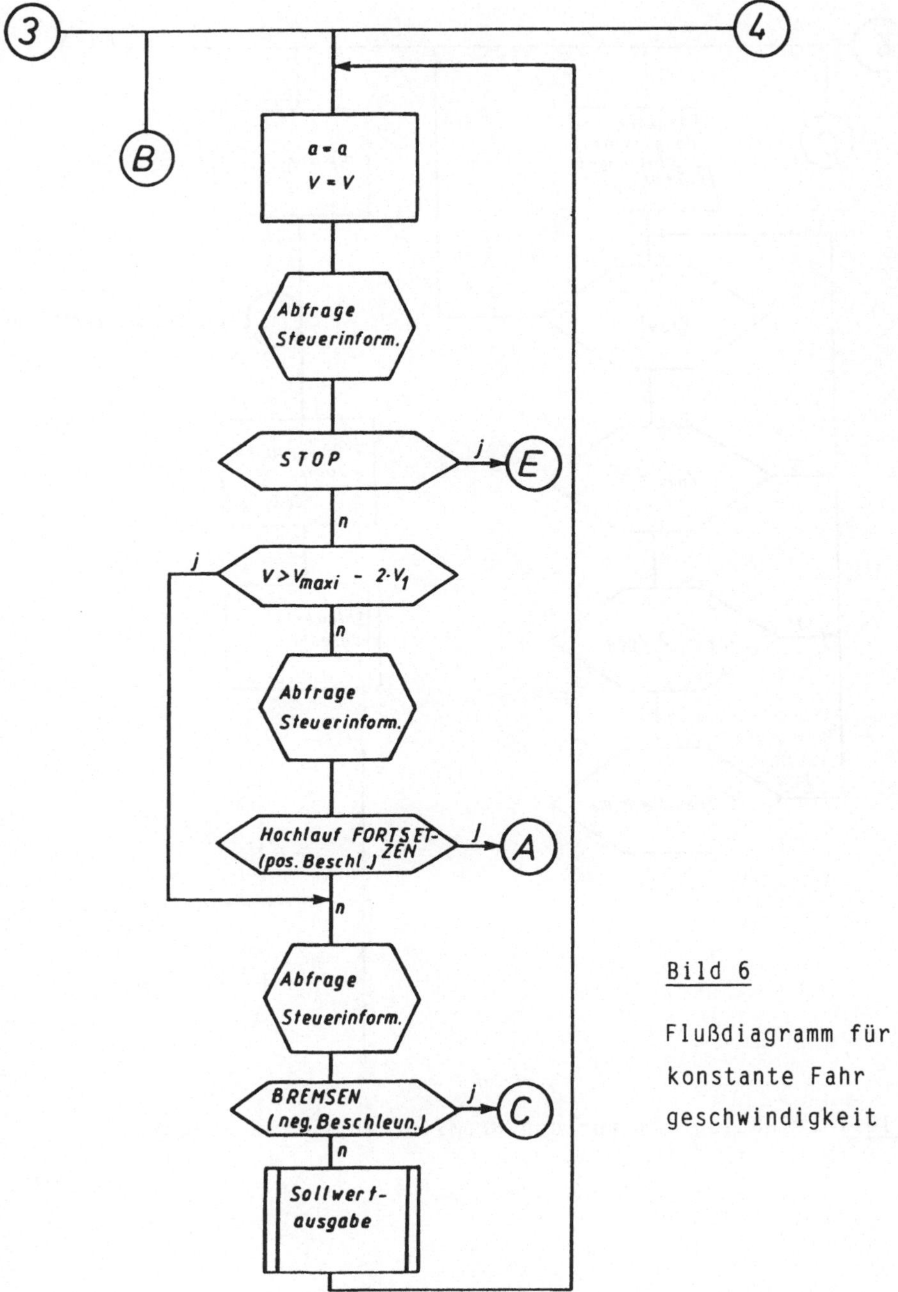

Bild 6

Flußdiagramm für konstante Fahr geschwindigkeit

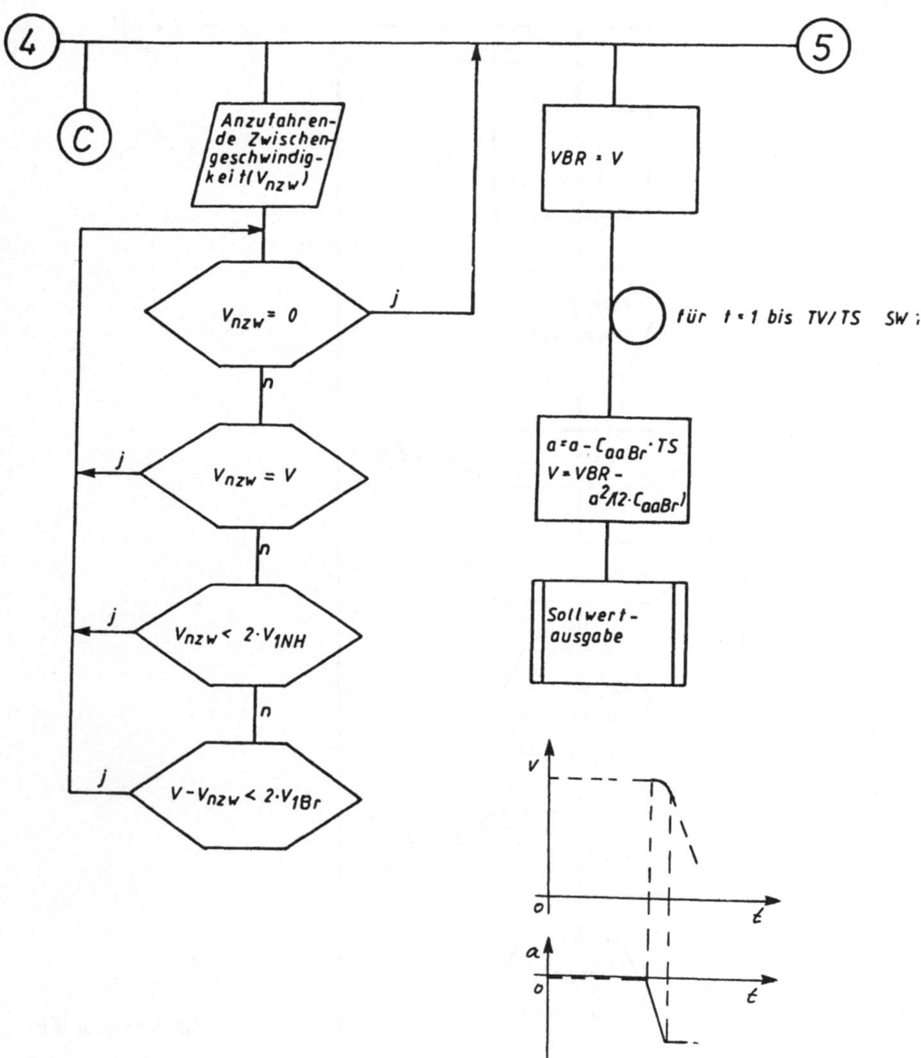

Bild 7 Flußdiagramm für den Bremsvorgang auf a = konst.

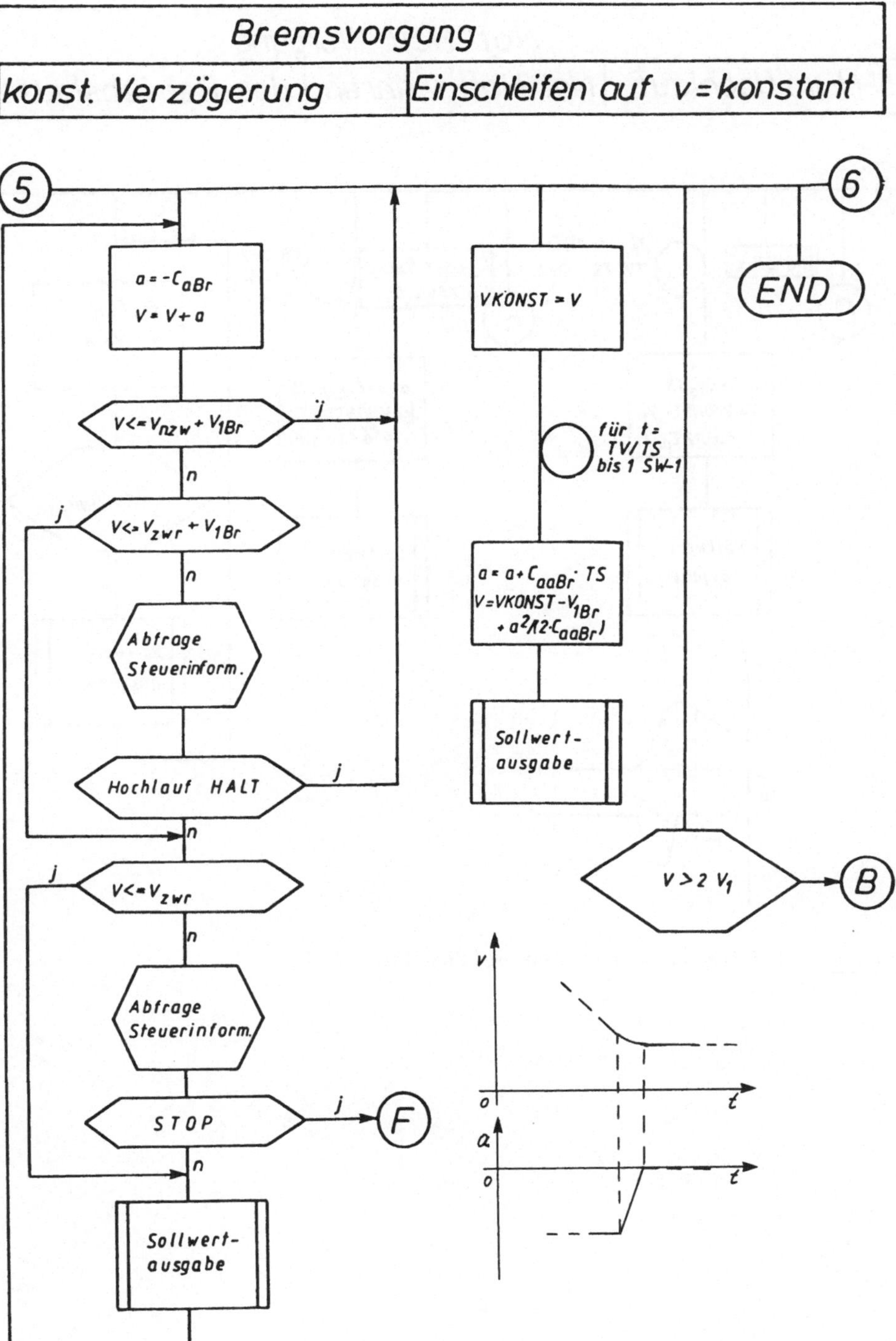

Bild 8 Flußdiagramm für den Bremsvorgang auf v = konst.

Not-Halt -Vorgang	
N-H im Hochlauf	Not Halt während des Betriebslaufes

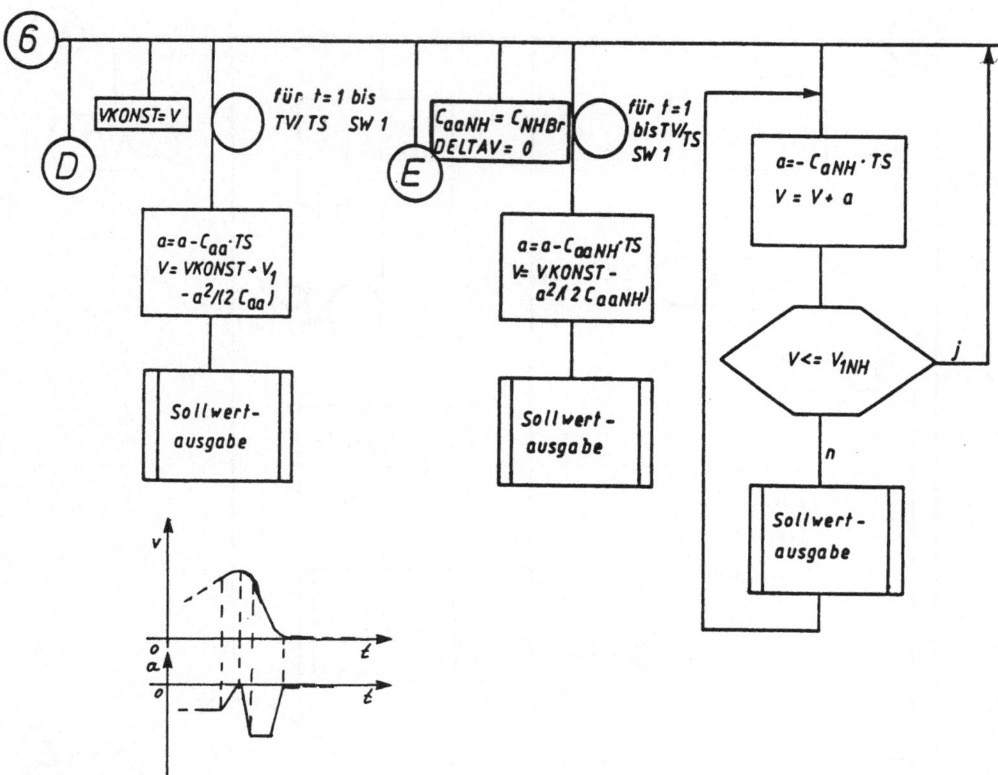

Bild 9   Flußdiagramm für den Befehl NOT-HALT

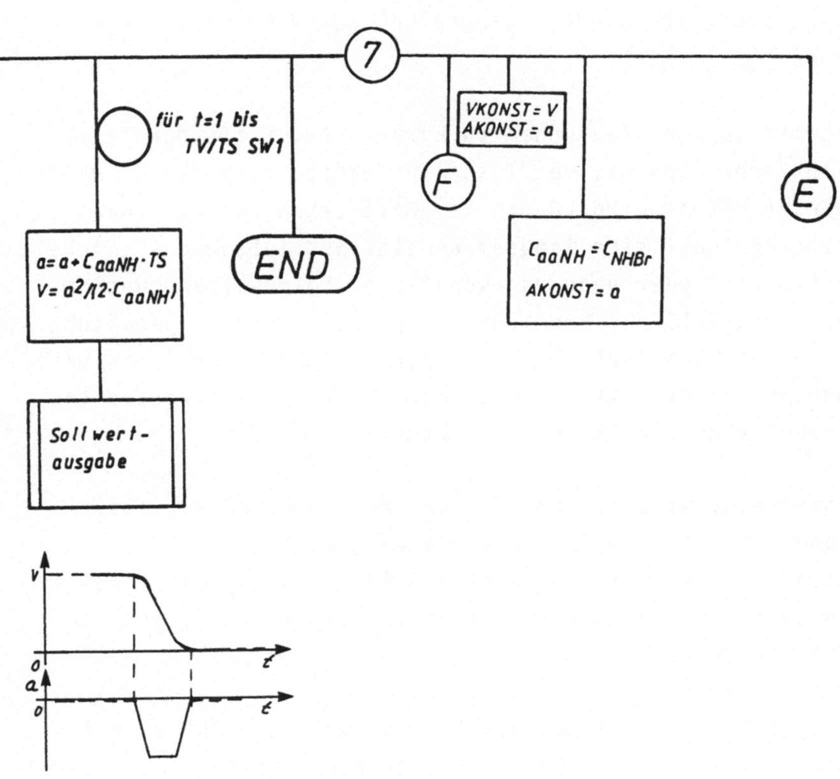

Bild 10 Flußdiagramm für den Befehl NOT-HALT
(Fortsetzung von Bild 9)

Der Rechner muß dabei jederzeit in der Lage sein, mit Hilfe
einer Interrupt-Routine Befehle von der Tastatur anzunehmen.
Kommt beispielsweise ein NOT-HALT-Befehl während des Hochlaufs
auf einen gewünschten Sollwert, muß sofort in den Verschliff
mit einem Parabelstück übergegangen und auf Null heruntergefah-
ren werden.

Der Eingriff in eine laufende Fahrkurve erfolgt mit der Taste
"RPT". In Verbindung mit der Taste "H" ergibt sich ein HOCHLAUF-
STOP. Dieser Befehl wird häufig bei Walzwerken benutzt, wenn
das Bedien-Personal sich langsam an eine Betriebsgeschwindigkeit
herantasten will oder wenn Ungewöhnliches beim Walzvorgang be-
obachtet wird. Soll der Hochlauf fortgesetzt werden, geschieht
dies mit den Tasten "RPT" und "F". Der Rechner meldet sich mit
"Zwischengeschwindigkeit ?". Nach Eingabe eines Sollwertes von
maximal 5000 wird die Fahrkurve fortgesetzt.

Ein Bremsvorgang wird mit den Tasten "RPT" und "B" eingeleitet.
Der Rechner meldet sich mit "Zwischengeschwindigkeit ?" und
fährt nach Einlesen des gewünschten Sollwertes an. Dabei ist zu
beachten, daß der neue Sollwert kleiner als derjenige ist, bei
dem angehalten wurde.

Der NOT-HALT-Befehl wird mit den Tasten "RPT" und "S" ausgelöst.
Während bei allen anderen Befehlen die Interrupt-Leitung immer
offen ist, kann ein einmal ausgeführter NOT-HALT aus sicher-
heitstechnischen Gründen nicht unterbrochen werden. In der Antriebstechnik ist der NOT-HALT die letzte Maßnahme, um eine
Anlage in kürzester Zeit geführt stillzusetzen.

Einige Beispiele für mögliche Fahrkurven sollen das soeben Be-
schriebene verdeutlichen helfen.
Zunächst ein normaler Hochlauf- und Bremsvorgang als Bild-
schirm-Graphik (B i l d 11). Die gewählten Zeiten sind in die
Darstellung eingeblendet. Deutlich ist zu erkennen, daß der
Hochlauf nach 6 s ohne Unstetigkeitsstellen beendet ist. Die
teilweise sichtbaren Sprünge werden durch die Auflösung des
Sirius-Bildschirms (400 x 800 Bildpunkte) hervorgerufen.

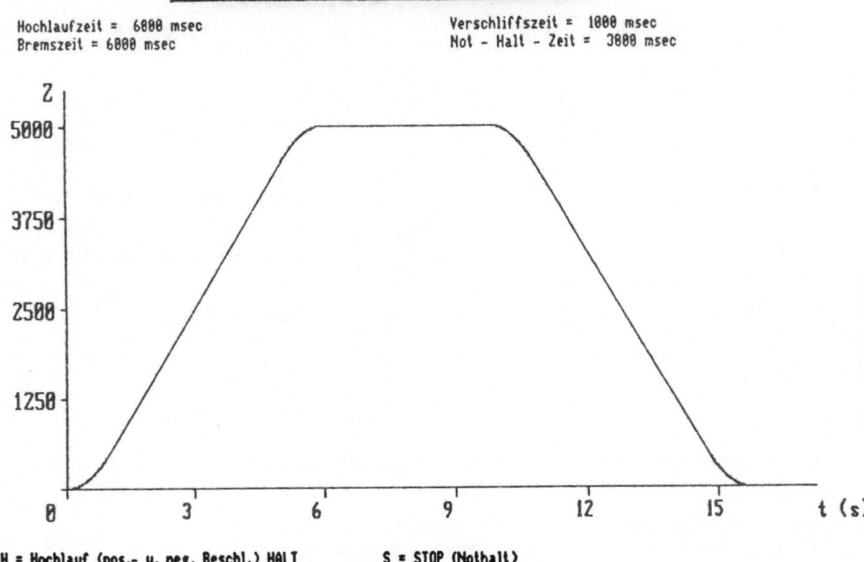

<u>Bild 11</u> Rechner-Graphik eines Hochlauf- und Brems-Vorgangs

Eine weitere Fahrkurve (B i l d 12) wird nach dem Hochlauf
unterbrochen (HOCHLAUF-STOP). Nach kurzer Zeit erfolgt der Befehl zum weiteren Hochlauf, und schließlich wird, vor Erreichen
des Sollwertes, NOT-HALT gegeben. Ein ähnlicher Fall ist in
B i l d 13 dargestellt. Hier kommt ein NOT-HALT-Befehl während
die Fahrkurve auf ihren Sollwert hochfährt.

Unabhängig vom gerade erreichten Sollwert sind die Hochlauf-,
Halt- und Not-Halt-Zeiten (einmal eingelesen) konstant. Diese
Forderung ist in der Anlagen-Dynamik und Sicherheits-Philosophie
begründet. Das gleiche gilt für die Verschliffszeit, deren Einfluß auf den Kurvenverlauf in B i l d 14 dargestellt ist.

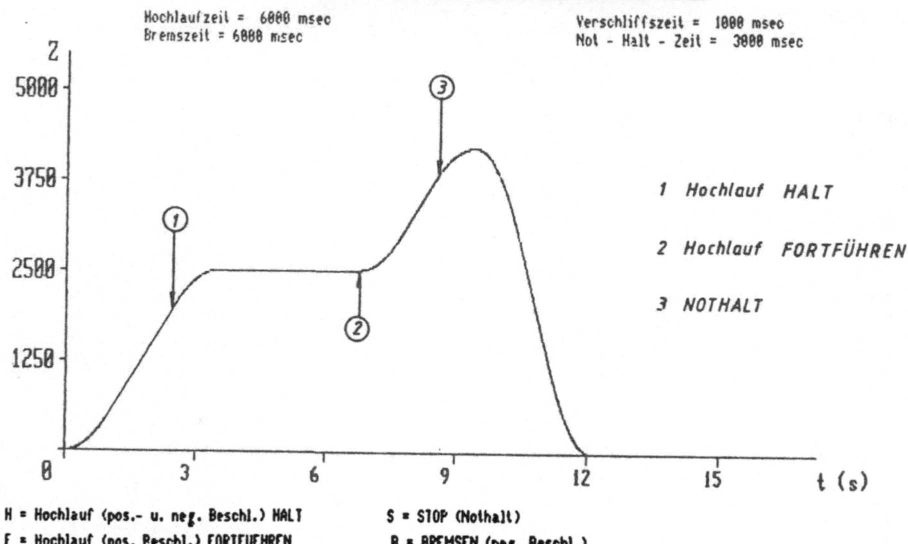

Bild 12 Rechner-Graphik eines unterbrochenen Hochlaufs durch HOCHLAUF-STOP und NOT-HALT

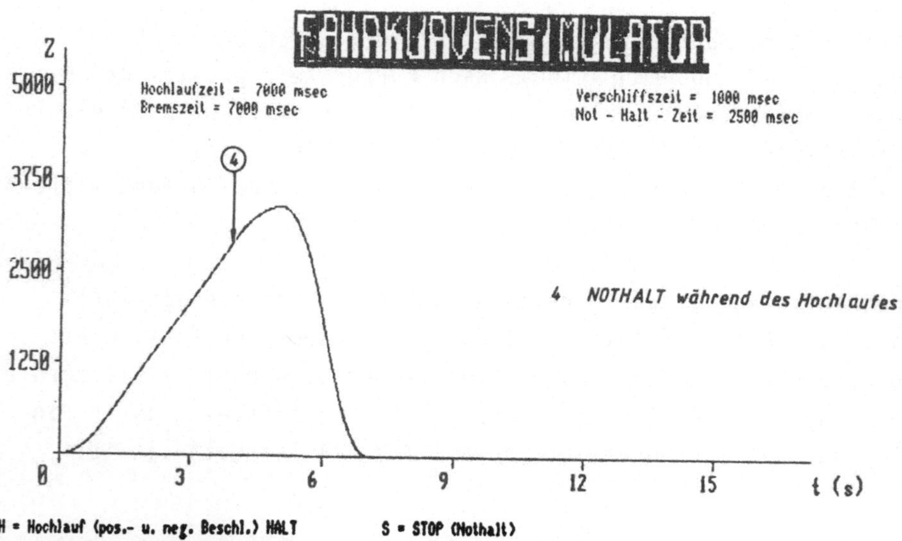

Bild 13 Rechner-Graphik eines durch NOT-HALT abgebrochenen Hochlaufs

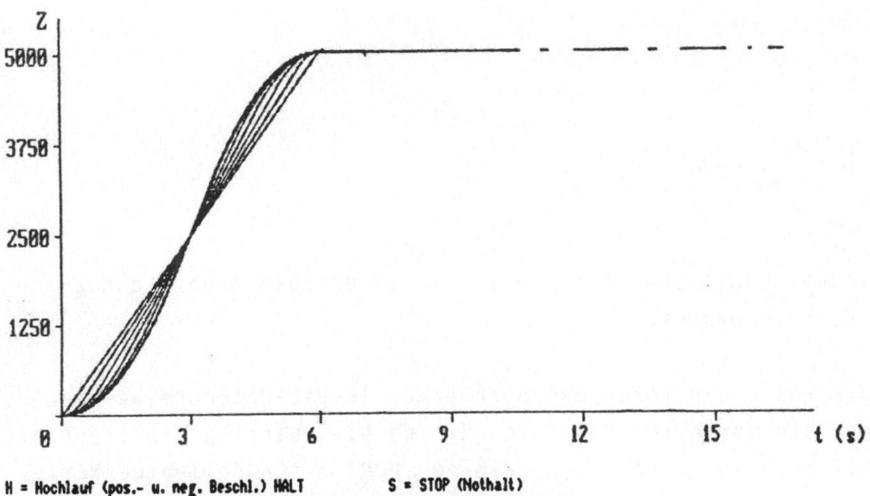

<u>Bild 14</u> Einfluß der Verschliffszeit auf die Fahrkurve

5 Echtzeit-Datenausgabe

Die Anweisungsliste (T a b e l l e 1) enthält auch die Ausgabe
der Fahrkurvenwerte.

Es war wegen der Forderung nach einer 16-Bit-Datenbreite ge-
plant, die seriellen PORTs des Sirius gleichzeitig anzusteuern.
Es hat sich jedoch gezeigt, daß nur PORT A für beliebige Werte
der Datenbreite 8 bit frei verfügbar ist.

Hinzu kommt, daß bei PORT A die "Hand-Shake"-Leitungen (CA1,
CA2, CB1, CB2) nicht frei einsetzbar sind. Diese sollten für
die Echtzeit-Ausgabe der Daten genutzt werden, da man in der
Programmier-Sprache BASIC keine Synchronisation der auszugeben-
den Werte mit Hilfe der internen Taktfrequenz nutzen kann.
Im Interesse eines minimalen, externen Hardware-Aufwandes war
es sinnvoll, auf das USER-PORT des Rechners auszuweichen.

Die Echtzeit-Ausgabe der Fahrkurvenwerte von 8 bit Datenbreite
wird also außerhalb des Sirius realisiert.

Der Aufbau einer zeitsynchronen Ausgabe läßt sich wie folgt
angehen (B i l d 15):
über eine Leitung von PORT B wird ein Zeitglied gestartet und
damit auch die Berechnung der Werte begonnen (Schaltung in
B i l d 16). Nach beendeter Berechnung wartet der Rechner auf
ein Signal vom Zeitglied, das ebenfalls über eine Leitung von
PORT B abgefragt wird. Dieses Signal kommt nach einer extern
fest einstellbaren Zeit, die größer sein muß als die größte
Rechenzeit.

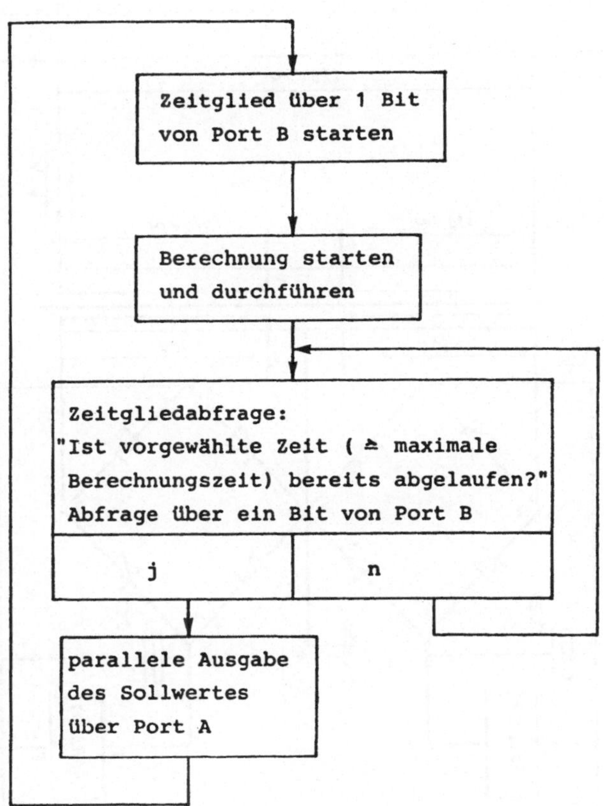

<u>Bild 15</u> Flußdiagramm der zeitsynchronen Fahrkurvenwerte-Ausgabe

Nach Auftreten des Signals erfolgt dann die Ausgabe der Fahrkurvenwerte auf einen externen D/A-Wandler. Damit ist auch die
extern einstellbare Zeitspanne ein Maß für die Rechenzeit von
einem Fahrkurven-Inkrement zum anderen. Sie liegt bei 5,1 ms
und erfüllt den in der Aufgabenstellung geforderten Wert.

Das Impuls-Diagramm (B i l d 17) verdeutlicht nochmals das
Zusammenwirken von Hardware-Schaltung und Sirius-Rechner.

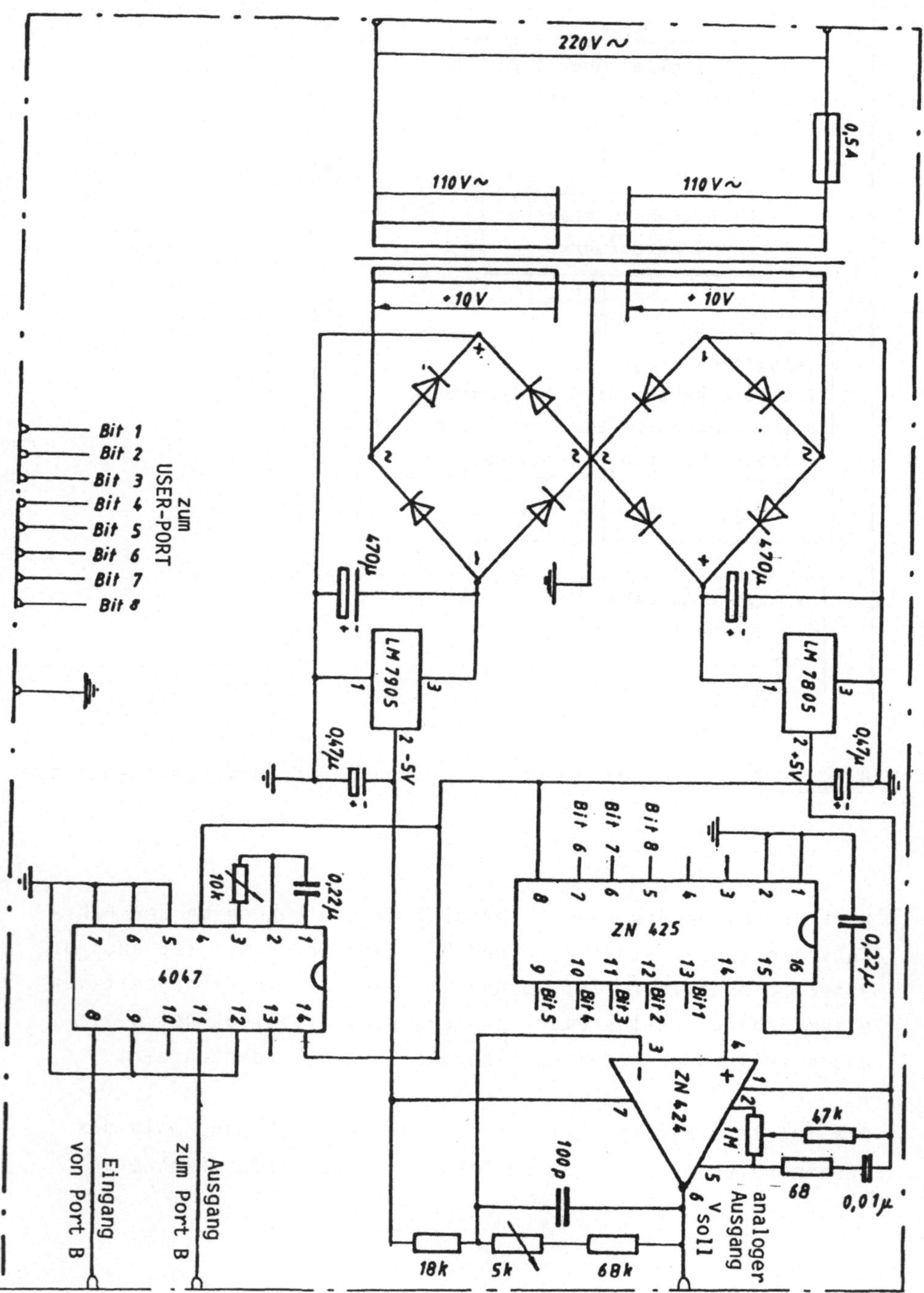

Bild 16 Hardware-Schaltung der Echtzeit-Ausgabe und D/A-Wandlung

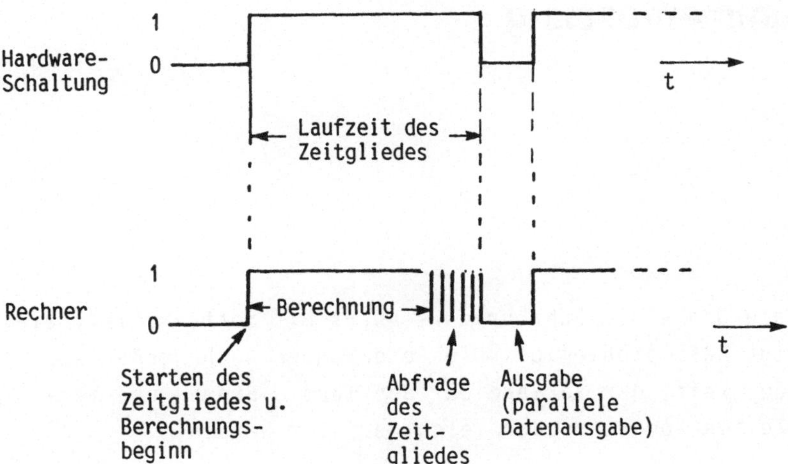

Bild 17 Impuls-Diagramm der Echtzeit-Ausgabe

6 Zusammenfassung

Die Realisierung eines Fahrkurvenrechners mit Software ist, wie
sich gezeigt hat, problemlos. Die Forderungen nach großer Wiederholgenauigkeit, der Varianz der Hochlauf-, Brems- und Ver-
schliffs-Zeiten konnten daher leicht erfüllt werden.

Allerdings ist der Sirius-Rechner kein Prozeßrechner- oder
Mikrorechner-Ersatz. Dies wurde bei der Echtzeit-Ausgabe der
Fahrkurvenwerte deutlich.

Es war daher auch nicht möglich, die Beschleunigung a = dv/dt
auszugeben, obwohl sie in der Berechnung enthalten ist. In der
hier realisierten Version ließe sich die Beschleunigung leicht
durch einen analogen Differenzierer aus der Fahrkurve nach-
bilden.

Im Interesse einer von Unstetigkeitsstellen freien Fahrkurve
ist in der Antriebstechnik eine geringe Rechenzeit besonders
wichtig. Wenn in einer Regelung die unvermeidlichen Inkrement-
Sprünge des Rechners keinen Einfluß auf das Übertragungsverhalten haben sollen, müssen sie sehr klein sein. Dies gelingt mit
kleinen Rechenzeiten, für die ein Maß die kleinste Zeitkonstante der Antriebe ist.

Nimmt man beispielsweise die Ankerkreiszeitkonstante eines
Gleichstrommotors von ca. 500 kW Leistung (sie beträgt etwa
100 ms), muß die Rechenzeit sicher um den Faktor 10 kleiner
sein. Mit einer Rechenzeit von 5,1 ms liegt das realisierte
Programm daher auf der sicheren Seite. Wesentlich kleinere
Zeiten lassen sich mit Mikro- oder Prozeßrechnern sicherlich
z. Zt. nicht erreichen.

Literaturverzeichnis

[1] O r l o w s k i , P.F.: Analogschaltungen der Meß- und
    Regeltechnik. Vogel, 1982, S. 199 - 202

[2] O r l o w s k i , P.F.: Fahrkurvenrechner für die Antriebs-
    technik. Elektronik, Heft 2, 1985, S. 53 - 57

Tabelle 1 Anweisungsliste für das Fahrkurvenprogramm

```
10 ' ##############################################################
20 '
30 ' Programm
40 '
50 ' "Entwicklung eines Programmes mit Schnittstellen zur Nachbildung von
60 '  Fahrkurven auf einem Rechner mit Bildschirm und Plotter"
70 '
80 '
90 '
100 ' ################################################################
110 '
120 ' Programmversion vom
130 '
140 ' * * Vorbereitung der Bildschirmgraphik (ESC - Sequenzen) * *
150 ' ***************************************************
160 E$=CHR$(27):G$=E$+"5":POSA$=G$+"Q":DRAWAB$=G$+"U":CLR$=G$+"2"
170 SCHR$=G$+"i":DCHR$=G$+"G":RDCHR$=G$+"H":REVON$=G$+"v":REVOFF$=G$+"w"
180 CUON$=G$+"q":CUOFF$=G$+"r":CLRPP$=E$+"E"
190 LICOPY$ = G$+"?":HIRE$=G$+"p":CUPON$=E$+"y5":CUPOFF$=E$+"x5"
200 PRINT CUPOFF$:PRINT CLR$
210 ' * * Erstellen der überschrift * *
220 ' *******************************
230 UES$="FAHRKURVENSIMULATOR"
240 PRINT E$;"m2#8":L=10*LEN(UES$):X=350-L:Y=0:GOSUB 3340
250 PRINT DCHR$:PRINT REVON$
260 PRINT SCHR$;"OCR":PRINT HIRE$;UES$
270 PRINT RDCHR$:PRINT REVOFF$
280 PRINT CUOFF$
290 ' * * Programmvorspann (Steuerbefehle) * *
300 ' **************************************
310 PRINT
320 PRINT
330 PRINT
340 PRINT "           ***********************************************************"
350 PRINT "           Anhalten der Simulation im Hochlauf und bei normalem"
360 PRINT "           Abbremsen durch gleichzeitiges Betätigen der Tasten RPT "
370 PRINT "           (links unten) und 'h' bzw. 'H' (Hochlauf- bzw. Bremsen Halt)"
380 PRINT "           ***********************************************************"
390 PRINT "           Not-Halt durch Betaetigung von RPT und 's' bzw. 'S' (stop)"
400 PRINT "           ***********************************************************"
410 PRINT "           Hochlauf (positive Beschleunigung) fortsetzen mit RPT und"
420 PRINT "           'f' bzw. 'F' (Fortsetzung Bremsen od. Hochlaufen)"
430 PRINT "           ***********************************************************"
440 PRINT "           Bremsvorgang (negative Beschleunigung) wird durch RPT und"
450 PRINT "           'b' bzw 'B' eingeleitet (Bremsen)
460 PRINT "           ***********************************************************"
470 PRINT
480 PRINT
490 PRINT "Weiter mit beliebiger Taste "
500 CON$=INKEY$
510 IF CON$="" THEN 500
520 PRINT CLRPP$
530 ' * * Eingabe der Betriebsparameter * *
540 ' ***********************************
550 PRINT
```

```
560 PRINT "Hochlauftzeit (in msec): ":INPUT TH
570 PRINT "Verschliffszeit (in msec) Tv < 0.5*Tnh!!:"
580 PRINT "(Verschliffszeit < 15 ms bitte nicht verwenden)"
590 INPUT TV
600 PRINT "Bremszeit (in msec):":INPUT TBR
610 PRINT "Nothalt-Zeit (in msec) Tnh <> Tbr!!:":INPUT TNH
620 IF TNH = TBR THEN PRINT "Unzulässige Verschliffszeit!":GOTO 610
630 GTN$="Die Verschliffszeit wurde zu groß gewählt !!!!!!!!!!!!!!"
640 IF TH<=(2*TV) OR TNH<=(2*TV) OR TBR<=(2*TV) THEN PRINT GTN$:GOTO 560
650 IF TV <= 15 THEN PRINT "Verschliffszeit zu klein gewählt !":GOTO 560
660 PRINT CLRPP$
670 ' * * Vorwahl des Sollwertausgabemodus * *
680 ' ****************************************
690 PRINT
700 PRINT
710 PRINT
720 PRINT "          Sie haben 2 Möglichkeiten zur Ausgabe der Sollwerte:"
730 PRINT
740 PRINT
750 PRINT
760 PRINT"          Graphische Darstellung auf dem Bildschirm      (a)"
770 PRINT"          (Mit eventueller Erstellung einer Hardcopy)"
780 PRINT
790 PRINT
800 PRINT"          Externe Sollwertausgabe auf Oszilloskop        (b)"
810 PRINT"          (Echtzeitverhalten !!)"
820 PRINT
830 PRINT"          Grundeinstellung:Vertikalablenkung 1 V/Div "
840 PRINT"                           Horizontalablenkung 1 sec/Div"
850 PRINT
860 PRINT
870 PRINT
880 PRINT"          Treffen Sie ihre Wahl (a/b)"
890 AFA$=INKEY$:IF AFA$="" THEN 890
900 IF AFA$="b" OR AFA$="B" THEN 3390
910 IF AFA$="a" OR AFA$="A" THEN 930
920 GOTO 890
930 PRINT CLRPP$
940 ' ##################################################################
950 ' * * Fahrkurvenrechnerprogramm für Bildschirmsimulation * *
960 ' ##################################################################
970 ' * * Vorbereitung und Erstellung des Schriftkopfes * *
980 ' **************************************************************
990 S1$=STR$(TH):S2$=STR$(TV):S4$=STR$(TNH):S5$=" msec":S3$=STR$(TBR)
1000 T1$=" Hochlaufzeit = ":T2$=" Verschliffszeit = "
1010 T4$=" Not - Halt - Zeit = ":T3$=" Bremszeit ="
1020 PRINT CLRPP$:PRINT SCHR$;"smprop"
1030 P1$=T1$+S1$+S5$:P2$=T2$+S2$+S5$
1040 P3$=T3$+S3$+S5$:P4$=T4$+S4$+S5$
1050 X=10:Y=40:GOSUB 3340:PRINT HIRE$;P1$
1060 X=410:Y=40:GOSUB 3340:PRINT HIRE$;P2$
1070 X=10:Y=50:GOSUB 3340:PRINT HIRE$;P3$
1080 X=410:Y=50:GOSUB 3340:PRINT HIRE$;P4$
1090 ' * * Berechnungsintervall in Millisekunden * *
1100 TS = 10
1110 PRINT E$;"m278"
1120 ' * * Eingabe der maximalen normierten Sollgeschwindigkeit * *
1130 ' *************************************************************
```

```
1140 PRINT "Maximalgeschwindigkeit (normiert) :":INPUT VMAXI
1150 IF VMAXI <= 0 THEN PRINT "Negative Sollwertvorgabe nicht möglich!"
1160 IF VMAXI <= 0 THEN 1140
1170 ' * * Festlegung des Koordinatennullpunktes auf dem Bildschirm * *
1180 ' *********************************************************************
1190 X0=60:Y0=300:AXG=750
1200 ' * * Bildbereich für die Ordinate v(t)  * *
1210 DELTAY = 200
1220 ' * * Umrechnungfaktoren für v(t) in Bildschirnkoordinaten * *
1230 ' ****************************************************************
1240 YPLOFAK=DELTAY/VMAXI:XPLOSUM=.04*TS
1250 X=X0:Y=Y0:GOSUB 3340
1260 ' * * Erstellen des Koordinatensystemes * *
1270 ' ***********************************************
1280 X=55:Y=Y0:GOSUB 3340
1290 X=AXG:GOSUB 3330
1300 X=X0:Y=Y0+6:GOSUB 3340
1310 Y=Y0-DELTAY:GOSUB 3330
1320 ZS=X0
1330 PRINT SCHR$;"med"
1340 FOR S=3 TO 15 STEP 3 : Y=Y0
1350 X=ZS+120:GOSUB 3340:ZS=X
1360 Y=Y0+6:GOSUB 3330
1370 Z$=STR$(S)
1380 X=X-20:GOSUB 3340
1390 GOSUB 3350
1400 NEXT S
1410 ZS=Y0:Z=0
1420 PRINT SCHR$;"normal"
1430 FOR TT=1 TO 4:X=X0
1440 Y=ZS-DELTAY/4:GOSUB 3340:ZS=Y
1450 X=X0-5:GOSUB 3330
1460 Y=Y-6:X=0:GOSUB 3340
1470 Z=Z+VMAXI/4:Z$=STR$(Z)
1480 GOSUB 3350
1490 NEXT TT
1500 X=X0-20:Y=Y0+6: GOSUB 3340
1510 Z$="0":GOSUB 3350
1520 X=X0:Y=Y0-DELTAY:GOSUB 3340
1530 Y=Y-20: GOSUB 3330
1540 X=X-20:Y=Y-6:GOSUB 3340
1550 Z$="Z":GOSUB 3350
1560 Y=Y0+6:X=AXG:GOSUB 3340
1570 Z$="t (s)":GOSUB 3350
1580 BEF1$="H = Hochlauf (pos.- u. neg. Beschl.) HALT"
1590 ' * * Fahrkurvenbefehle in Grafik schreiben * *
1600 ' **********************************************
1610 BEF2$="            S = STOP (Nothalt)"
1620 BEF3$="F = Hochlauf (pos. Beschl.) FORTFUEHREN"
1630 BEF4$="            B = BREMSEN (neg. Beschl.)"
1640 BEFS1$=BEF1$+BEF2$:BEFS2$=BEF3$+BEF4$
1650 PRINT SCHR$;"smprop"
1660 X=10:Y=328:GOSUB 3340:Z$=BEFS1$:GOSUB 3350
1670 X=10:Y=342:GOSUB 3340:Z$=BEFS2$:GOSUB 3350
1680 PRINT
1690 ' * * B E R E C H N U N G * *
1700 ' ################################
1710 PRINT
```

```
1720 PRINT CUON$
1730 ' * * Berechnung von vorab benötigten Größen * *
1740 ' ********************************************
1750 V=0:AF=0
1760 V1=VMAXI/2*TV/(TH-TV)
1770 V1NH=VMAXI/2*TV/(TNH-TV)
1780 V1BR = VMAXI/2*TV/(TBR-TV)
1790 A=(VMAXI-2*V1)/(TH-2*TV)
1800 AA=A/TV
1810 ABR=(VMAXI-2*V1BR)/(TBR-2*TV)
1820 AABR=ABR/TV
1830 ANH=(VMAXI-2*V1NH)/(TNH-2*TV)
1840 AANH=ANH/TV
1850 AANH1=AA
1860 AANH2 = (ANH-ABR)/TV
1870 DELTAV = ABR^2/(2*AANH2)
1880 VZWR = ANH^2/(2*AANH2)-DELTAV+V1NH
1890 X=X0:Y=Y0:GOSUB 3340
1900 ' * * Berechnung des Hochlaufes * *
1910 ' ********************************
1920 PRINT "Zwischengeschwindigkeit (normiert):":INPUT VNZW
1930 IF VNZW=V THEN GOTO 1920
1940 IF VNZW<2*V1NH THEN GOTO 1920
1950 IF VNZW-V<2*V1 THEN GOTO 1920
1960 IF VNZW = VMAXI THEN GOTO 1980
1970 IF VNZW>(VMAXI-2.1*V1) THEN GOTO 1920
1980 VKONST=V
1990 FOR T= 0 TO TV-TS STEP TS
2000 AF=AF+AA*TS
2010 V=VKONST+AF^2/(2*AA)
2020 Y=Y0-V*YPLOFAK
2030 X=X+XPLOSUM: IF X>AXG THEN X=X0:GOSUB 3340
2040 GOSUB 3330
2050 NEXT T
2060 AF=A:V=V+A*TS
2070 IF V < (2*V1NH - V1) THEN 2110
2080 IF V>(VMAXI-3*V1) THEN 2100
2090 A$=INKEY$:IF A$="h" OR A$="H" THEN 2160
2100 A$=INKEY$:IF A$="s" OR A$="S" THEN 2740
2110 IF V>=(VNZW-V1) THEN 2160
2120 Y=Y0-V*YPLOFAK
2130 X=X+XPLOSUM: IF X>AXG THEN X=X0:GOSUB 3340
2140 GOSUB 3330
2150 GOTO 2060
2160 VKONST =V
2170 FOR T=TV-TS TO  0  STEP -TS
2180 AF=AF-AA*TS
2190 V=VKONST+V1-AF^2/(2*AA)
2200 Y=Y0-V*YPLOFAK
2210 X=XPLOSUM+X: IF X>AXG THEN X=X0:GOSUB 3340
2220 GOSUB 3330
2230 NEXT T
2240 ' * * Berechnung des Betriebslaufes (v=konst;a=0) * *
2250 ' ***********************************************
2260 VKONST = V
2270 AF=0
2280 B$=INKEY$:IF B$="s" OR B$="S" THEN GOTO 2920
2290 IF V>(VMAXI-2*V1)  THEN GOTO 2310
```

```
2300 B$=INKEY$:IF B$="f" OR B$="F" THEN GOTO 1920
2310 B$=INKEY$:IF B$="b" OR B$="B" THEN GOTO 2380
2320 Y=YO-V*YPLOFAK
2330 X=X+XPLOSUM: IF X>AXG THEN X=XO:GOSUB 3340
2340 GOSUB 3330
2350 GOTO 2270
2360 ' * * Berechnung des Bremslaufes * *
2370 ' ********************************
2380 PRINT "Zwischengeschwindigkeit (normiert):":INPUT VNZW
2390 IF VNZW=V THEN GOTO 2380
2400 IF VNZW=0 THEN GOTO 2430
2410 IF VNZW<2*V1NH THEN GOTO 2380
2420 IF V-VNZW<2*V1BR THEN GOTO 2380
2430 VBR=V
2440 FOR T= 0 TO TV-TS  STEP TS
2450 AF=AF-AABR*TS
2460 V=VBR-AF^2/(2*AABR)
2470 Y=YO-V*YPLOFAK
2480 X=X+XPLOSUM : IF X>AXG THEN X=XO:GOSUB 3340
2490 GOSUB 3330
2500 NEXT T
2510 AF=-ABR:V=V-ABR*TS
2520 IF V<=(VZWR) THEN GOTO 2540
2530 C$=INKEY$:IF C$="s" OR C$="S" THEN GOTO 2940
2540 IF V<=(VZWR+V1BR) THEN GOTO 2560
2550 C$=INKEY$:IF C$="h" OR C$="H" THEN GOTO 2610
2560 Y=YO-V*YPLOFAK
2570 X=X+XPLOSUM : IF X>AXG THEN X=XO:GOSUB 3340
2580 GOSUB 3330
2590 IF V<=(VNZW+V1BR) THEN GOTO 2610
2600 GOTO 2510
2610 VKONST=V
2620 FOR T= TV-TS TO  0 STEP -TS
2630 AF=AF+AABR*TS
2640 V=VKONST-V1BR+AF^2/(2*AABR)
2650 Y=YO-V*YPLOFAK
2660 X=X+XPLOSUM : IF X>AXG THEN X=XO:GOSUB 3340
2670 GOSUB 3330
2680 NEXT T
2690 IF V > (2*V1)  THEN GOTO 2270
2700 GOTO 3170
2710 ' * * Berechnung des Not-Halt-Laufes * *
2720 ' **********************************
2730 REM * * Not-Halt während des Hochlaufes * *
2740 VKONST =V
2750 FOR T= TV-TS TO  0 STEP -TS
2760 AF=AF-AANH1*TS
2770 V=VKONST + V1 -  AF^2/(2*AANH1)
2780 Y=YO-V*YPLOFAK
2790 X=X+XPLOSUM : IF X>799 THEN X=XO:GOSUB 3340
2800 GOSUB 3330
2810 NEXT T
2820 VKONST=V
2830 FOR T= 0 TO TV-TS STEP TS
2840 AF=AF-AANH*TS
2850 V=VKONST-AF^2/(2*AANH)
2860 Y=YO-V*YPLOFAK
2870 X=X+XPLOSUM : IF X>AXG THEN X=XO:GOSUB 3340
```

```
2880 GOSUB 3330
2890 NEXT T
2900 GOTO 3020
2910 REM * * Not-Halt während des Betriebslaufes * *
2920 AANH2=AANH:DELTAV=0
2930 REM * * Not-Halt während des Bremslaufes * *
2940 VKONST=V:AKONST=AF
2950 FOR T=0 TO TV STEP TS
2960 AF=AF-AANH2*TS
2970 V=VKONST-AF^2/(2*AANH2)+DELTAV
2980 Y=Y0-V*YPLOFAK
2990 X=X+XPLOSUM : IF X>AXG THEN X=X0:GOSUB 3340
3000 GOSUB 3330
3010 NEXT T
3020 AF=-ANH:V=V-ANH*TS
3030 Y=Y0-V*YPLOFAK
3040 X=X+XPLOSUM : IF X>AXG THEN X=X0:GOSUB 3340
3050 GOSUB 3330
3060 IF V<=V1NH THEN GOTO 3080
3070 GOTO 3020
3080 FOR T= TV-TS TO 0 STEP-TS
3090 AF=AF+AANH*TS
3100 V=AF^2/(2*AANH)
3110 Y=Y0-V*YPLOFAK
3120 X=X+XPLOSUM : IF X>AXG THEN X=X0:GOSUB 3340
3130 GOSUB 3330
3140 NEXT T
3150 ' * * Abfrage nach eventueller Hardcopie bzw. eventuellem Variationslauf *
3160 ' *****************************************************************************
3170 PRINT "Soll eine Hardcopie erstellt werden (J/N <return>)  ?"
3180 PRINT CUOFF$
3190 INPUT ABFR$
3200 IF ABFR$="j" OR ABFR$="J" THEN PRINT CLRPP$:PRINT LICOPY$
3210 IF ABFR$="n" OR ABFR$="N" THEN 3230
3220 GOTO 3170
3230 PRINT "Variationslauf erwünscht (J/N) ?"
3240 AFRA$=INKEY$:IF AFRA$="" THEN 3240
3250 IF  AFRA$ ="J" OR AFRA$="j" THEN PRINT E$;"m2$8":GOTO 200
3260 IF AFRA$="n" OR AFRA$="N" THEN 3280
3270 GOTO 3230
3280 PRINT CUPON$
3290 PRINT CUON$
3300 END
3310 ' * * Unterprogramme zum Aufruf bestimmter Graphik-Routinen * *
3320 ' *****************************************************************
3330 X%=X:Y%=Y:PRINT DRAWAB$;X%,Y%:RETURN
3340 X%=X:Y%=Y:PRINT POSA$;X%,Y%:RETURN
3350 X%=X:Y%=Y: PRINT HIRE$;Z$:RETURN
3360 ' ##############################################################
3370 ' * * Fahrkurvenrechnerprogramm mit Echtzeitverhalten * *
3380 ' ##############################################################
3390 PRINT CLRPP$
3400 PRINT
3410 PRINT
3420 PRINT
3430 PRINT
3440 PRINT "             'RPT' + H = Hochlauf HALT (pos. u. neg. Beschl.)"
3450 PRINT "             #####################################################"
3460 PRINT
```

```
3470 PRINT "              'RPT' + S = STOP (Nothalt)"
3480 PRINT "              ***************************"
3490 PRINT
3500 PRINT "              'RPT' + B = BREMSEN (neg. Beschl.)"
3510 PRINT "              ***********************************"
3520 PRINT
3530 PRINT "              'RPT' + F = Hochlauf FORTFÜHREN (pos. Beschl.)"
3540 PRINT "              *************************************************"
3550 DEF SEG=&HE808
3560 POKE 2,1
3570 POKE 3,255
3580 ' * * Berechnungsintervall in Millisekunden * *
3590 TS=5.1: REM  Berechnungszeit pro Sollwert
3600 ' * * Eingabe der maximalen normierten Sollgeschwindigkeit * *
3610 PRINT E$;"m268"
3620 PRINT "Maximalgeschwindigkeit (normiert) :":INPUT VMAXI
3630 IF VMAXI <= 0 THEN PRINT "Negative Geschwindigkeitsvorgabe nicht möglich!"
3640 IF VMAXI <= 0 THEN 3620
3650 IF VMAXI > 255 THEN PRINT "Größte Maximalgeschwindigkeit überschritten!"
3660 IF VMAXI > 255 THEN 3620
3670 PRINT
3680 ' * * B E R E C H N U N G * *
3690 ' ############################
3700 PRINT
3710 ' * * Berechnung von vorab benötigten Größen * *
3720 ' *********************************************
3730 V=0:AF=0
3740 V1=VMAXI/2*TV/(TH-TV)
3750 V1NH=VMAXI/2*TV/(TNH-TV)
3760 V1BR = VMAXI/2*TV/(TBR-TV)
3770 A=(VMAXI-2*V1)/(TH-2*TV)
3780 AA=A/TV
3790 ABR=(VMAXI-2*V1BR)/(TBR-2*TV)
3800 AABR=ABR/TV
3810 ANH=(VMAXI-2*V1NH)/(TNH-2*TV)
3820 AANH=ANH/TV
3830 AANH1=AA
3840 AANH2 = (ANH-ABR)/TV
3850 DELTAV = ABR^2/(2*AANH2)
3860 VZWR = ANH^2/(2*AANH2)-DELTAV+V1NH
3870 VVG1=VMAXI-3*V1:VVG1%=VVG1
3880 VVG2=2*V1NH-V1:VVG2%=VVG2
3890 AAQU=1/(2*AA):AABRQU=1/(2*AABR):AANHQU=1/(2*AANH):AANHQU1=1/(2*AANH2)
3900 DLHL=TV/TS:DLHL%=INT(DLHL)
3910 ' * * Berechnung des Hochlaufes * *
3920 ' ********************************
3930 VKONST=V
3940 PRINT "Zwischengeschwindigkeit (normiert):":INPUT VNZW
3950 IF VNZW=V THEN 3940
3960 IF VNZW-V<2*V1 OR VNZW<2*V1NH THEN 3940
3970 IF VNZW = VMAXI THEN 4000
3980 IF VNZW > VMAXI - 2.1*V1 THEN 3940
3990 GOSUB 5320
4000 FOR T= 1 TO DLHL%
4010 AF=AF+AA*TS
4020 V=VKONST+AF*AF*AAQU
4030 IF V >= VKONST + V1 THEN 4080
4040 GOSUB 5370
4050 V%=INT(V):POKE 1,V%
```

```
4060 GOSUB 5320
4070 NEXT T
4080 AF=A:V=V+A*TS
4090 GOSUB 5370
4100 V%=INT(V):POKE 1,V%
4110 GOSUB 5320
4120 IF V>=(VNZW-V1) THEN 4180
4130 IF V < VVG2 THEN 4170
4140 IF V > VVG1 THEN 4160
4150 A$=INKEY$:IF A$="h" OR A$="H" THEN 4180
4160 A$=INKEY$:IF A$="s" OR A$="S" THEN 4760
4170 GOTO 4080
4180 VKONST =V
4190 FOR T=DLHL% TO 1 STEP -1
4200 AF=AF-AA*TS
4210 V=VKONST+V1-AF*AF*AAQU
4220 IF V >= VMAXI THEN 4290
4230 GOSUB 5370
4240 V%=INT(V):POKE 1,V%
4250 GOSUB 5320
4260 NEXT T
4270 ' * * Berechnung des Betriebslaufes (v=konst;a=0) * *
4280 ' *********************************************
4290 V%=INT(V):POKE 1,V%
4300 B$=INKEY$:IF B$="s" OR B$="S" THEN 4960
4310 IF V>VMAXI-(2*V1)  THEN 4330
4320 B$=INKEY$:IF B$="f" OR B$="F" THEN 3930
4330 B$=INKEY$:IF B$="b" OR B$="B" THEN 4370
4340 GOTO 4290
4350 ' * * Berechnung des Bremslaufes * *
4360 ' ********************************
4370 VBR=V
4380 PRINT "Zwischengeschwindigkeit (normiert):":INPUT VNZW
4390 IF VNZW >= VMAXI THEN 4380
4400 IF VNZW=V THEN 4380
4410 IF VNZW=0 THEN 4430
4420 IF V-VNZW<2*V1BR OR VNZW<2*V1NH THEN 4380
4430 GOSUB 5320
4440 FOR T = 1 TO DLHL%
4450 AF=AF-AABR*TS
4460 V=VBR-AF*AF*AABRQU
4470 IF V <= VBR - V1BR THEN 4520
4480 GOSUB 5370
4490 V%=INT(V):POKE 1,V%
4500 GOSUB 5320
4510 NEXT T
4520 AF=-ABR:V=V-ABR*TS
4530 GOSUB 5370
4540 V%=INT(V):POKE 1,V%
4550 GOSUB 5320
4560 IF V<=(VNZW+V1BR) THEN 4620
4570 IF V<=(VZWR) THEN 4590
4580 C$=INKEY$:IF C$="s" OR C$="S"  THEN 4980
4590 IF V<=(VZWR+V1BR) THEN 4610
4600 C$=INKEY$:IF C$="h" OR C$="H" THEN 4620
4610 GOTO 4520
4620 VKONST=V
4630 FOR T = DLHL% TO 1 STEP -1
4640 AF=AF+AABR*TS
```

```
4650 V=VKONST-V1BR+AF*AF*AABRQU
4660 IF V <= 0 THEN 4710
4670 GOSUB 5370
4680 V%=INT(V):POKE 1,V%
4690 GOSUB 5320
4700 NEXT T
4710 IF V > (2*V1) THEN 4290
4720 GOTO 5220
4730 ' * * Berechnung des Not-Halt-Laufes * *
4740 ' **********************************
4750 REM * * Not-Halt während des Hochlaufes * *
4760 VKONST =V
4770 FOR T= DLHL% TO 1 STEP -1
4780 AF=AF-AANH1*TS
4790 V=VKONST + V1 -AF*AF*AAQU
4800 IF V >= VMAXI THEN 4850
4810 GOSUB 5370
4820 V%=INT(V):POKE 1,V%
4830 GOSUB 5320
4840 NEXT T
4850 VKONST=V
4860 FOR T = 1 TO DLHL%
4870 AF=AF-AANH*TS
4880 V=VKONST-AF*AF*AANHQU
4890 IF V <= VKONST - V1NH THEN 4940
4900 GOSUB 5370
4910 V%=INT(V):POKE 1,V%
4920 GOSUB 5320
4930 NEXT T
4940 GOTO 5060
4950 REM * * Not-Halt während des Betriebslaufes * *
4960 AANH2=AANH:DELTAV=0:AANHQU1=AANHQU
4970 REM * * Not-Halt während des Bremslaufes * *
4980 VKONST=V:AKONST=AF
4990 FOR T= 1 TO DLHL%
5000 AF=AF-AANH2*TS
5010 V=VKONST-AF*AF*AANHQU1+DELTAV
5020 GOSUB 5370
5030 V%=INT(V):POKE 1,V%
5040 GOSUB 5320
5050 NEXT T
5060 AF=-ANH:V=V-ANH*TS
5070 GOSUB 5370
5080 V%=INT(V):POKE 1,V%
5090 GOSUB 5320
5100 IF V<=V1NH THEN GOTO 5120
5110 GOTO 5060
5120 FOR T= DLHL% TO 1 STEP-1
5130 AF=AF+AANH*TS
5140 V=AF*AF*AANHQU
5150 IF V <= 0 THEN 5290
5160 GOSUB 5370
5170 V%=INT(V):POKE 1,V%
5180 GOSUB 5320
5190 NEXT T
5200 ' * * Abfrage nach eventuellem Variationslauf * *
5210 ' ***********************************************
5220 PRINT "Variationslauf erwünscht (J/N <return>) ?"
5230 INPUT AFRG$
```

```
5240 IF AFRG$ = "J" OR AFRG$ = "j" THEN PRINT E$;"m2$8" : GOTO 200
5250 IF AFRG$ = "N" OR AFRG$ = "n" THEN 5270
5260 GOTO 5220
5270 PRINT CUPON$
5280 PRINT CUON$
5290 END
5300 ' * * Unterprogramm zum STARTEN der externen Hardware * *
5310 ' *************************************************************
5320 POKE 0,0
5330 POKE 0,1
5340 RETURN
5350 ' * * Unterprogramm zum ABFRAGEN des externen Zeitgliedes * *
5360 ' **************************************************************
5370 IF PEEK(0)=255 THEN 5370
5380 RETURN
```

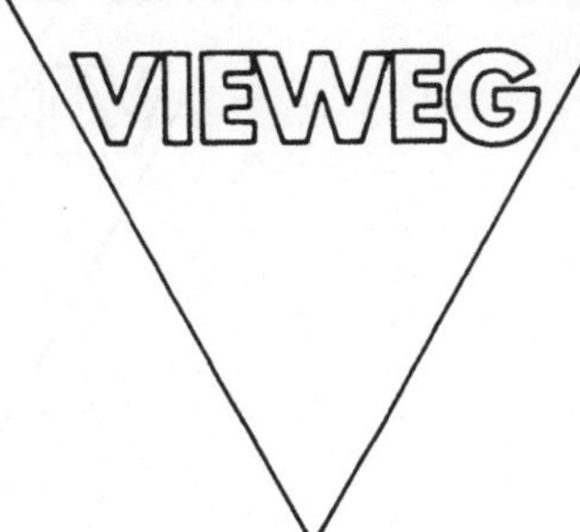

Vieweg Programmbibliothek Mikrocomputer

Herausgegeben von Harald Schumny

Band 1
Graphik-Programme für TRS-80 und HP 9830

Band 2
Iterationen, Näherungsverfahren, Sortiermethoden
BASIC-Programme für
CBM 3032, HP 9830, TRS-80,
Olivetti 6060

Band 3
BASIC und Pascal im Vergleich

Band 4
BASIC-Anwenderprogramme

Band 5
BASIC-Programme für den PC-1211/1212

Band 6
Programme für den Einplatinencomputer TM 990/189
(16-Bit-Prozessor TMS 9980 A)

Band 7
PC-1500-Sammlung I

Band 8
Programme für den PC-1251

Band 9
PC-1500-Sammlung II

Band 10
PC-1500-Sammlung III

Band 11
Anwenderprogramme zum ZX-81 und ZX-Spectrum

Band 12
17 Spiele für den PC-1500 A

Band 13
Ausgewählte BASIC-Computerspiele
(Atari 800)

Band 14
Lineares Optimieren
11 HP-41-Programme

Band 15
Dienstprogramme (Tool-Kit) für den HP-41

Band 16
Geodätische Berechnungsmethoden
(Standard-BASIC)

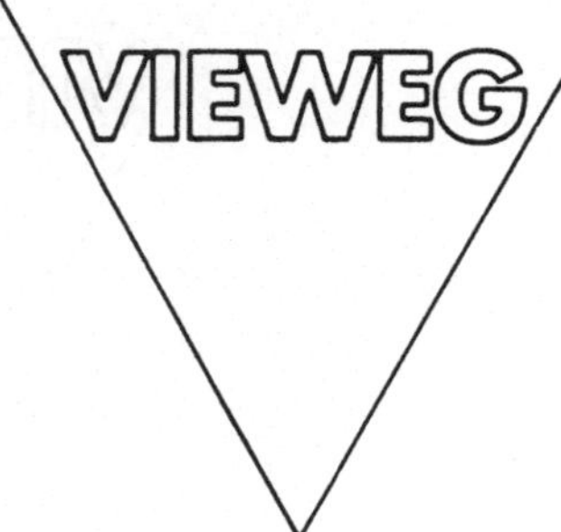

Vieweg Programmbibliothek Mikrocomputer

Herausgegeben von Harald Schumny